MARIAGE FRÈRES : LA MAISON DE THÉ

De l'origine de la famille MARIAGE et du rôle essentiel qu'elle a joué dans le commerce des thés, épices et denrées coloniales en France.

V ERS 1660, Nicolas MARIAGE fait plusieurs voyages en Perse, aux Indes Orientales et aux Indes des Grands Moghols. Il fait partie d'une députation choisie par le Roy Louis XIV et Messieurs de la Compagnie des Indes Orientales pour signer un traité de commerce avec le Shah de Perse.

Son frère, Pierre MARIAGE, fait un voyage à la même époque aux îles de Madagascar comme envoyé particulier de cette même Compagnie.

Un siècle plus tard, Jean-François MARIAGE, né en 1766, entretient toujours négoce de thé, épices et denrées coloniales à Lille et forme très tôt ses quatre fils, Louis, Aimé, Charles et Auguste, à cette même activité. Vers 1820, Louis, Aimé et Charles s'associent en succédant à leur père et en 1845 Aimé et Auguste, demeurant déjà rue du Bourg-Tibourg à Paris, fondent ensemble "Auguste Mariage et Compagnie" en perpétuant la tradition familiale.

Henri et Édouard, fils d'Aimé MARIAGE, acquièrent à leur tour au côté de leur père l'expérience ancestrale pour finalement fonder à Paris, le 1er juin 1854, la maison de thé MARIAGE FRERES qui allait entretenir commerce avec les comptoirs les plus reculés de Chine et de Ceylan. Premier importateur français de thé, MARIAGE FRERES fournit les bonnes maisons, les épiceries fines, les salons de thé et hôtels de grande renommée. L'excellence de ses produits et son grand respect de l'art français du thé sont toujours reconnus et appréciés.

Après 130 années d'existence, MARIAGE FRERES s'ouvre au commerce de détail, proposant la vente au comptoir et par correspondance de plus de 400 thés de qualité provenant de 32 pays producteurs. MARIAGE FRERES perpétue aussi l'art du thé par la création et la réédition de modèles exclusifs de théières, services et accessoires pour le thé.

La maison de thé MARIAGE FRERES, située dans le Marais, au coeur du vieux Paris, est restée intacte : les anciennes caisses de thés de Chine, les balances, les tamis, les "mains", le comptoir colonial sont encore utilisés et en font un véritable musée où dès l'entrée on est accueilli par les senteurs du thé qui, au fil des ans, ont imprégné les boiseries et les murs. Ces mêmes murs abritent aussi un salon de thé dans un décor colonial harmonisant marbres, peintures à la vénitienne, rotins naturels et plantes exotiques sous une verrière au charme discret. On peut y déguster des spécialités au thé très raffinées à l'occasion d'un brunch ou d'un lunch, et toujours à base de thé, des glaces, pâtisseries, gelées ou cocktails maison pour que l'heure du thé soit fête.

MARIAGE FRERES a aussi, depuis décembre 1990, une adresse Rive gauche, au coeur de Saint-Germain-des-Prés, où, dans une demeure classée du XVIIe siècle, est transposé l'esprit de la Compagnie des Indes Orientales autour des antiquités et des documents d'archives de la collection privée recueillis dès 1854. Deux salons, qui respectent le climat serein et intimiste de la pierre et des boiseries, et un comptoir de thé permettent de retrouver l'ambiance et les produits qui font la réputation de la maison mère.

MARIAGE FRERES ayant décidé de faire partager au monde l'art français du thé s'est également installé à Tokyo, dans deux maisons de thé où les héritiers du "cha no yu" sont invités à allier harmonieusement les traditions.

Afin de vous faire profiter de son expérience, MARIAGE FRERES vous propose cet ouvrage qui vous dévoilera l'art de choisir le thé qui saura vous transporter dans le lointain jardin où il a été cueilli. C'est l'instant de la sublime délectation, du grand voyage.

*Voici la véritable
maison de thé
où le moindre détail
lui rend hommage.*

*Bienvenue
dans le monde
du thé.*

CIVILISATION DU THÉ

" *L e thé n'était pas seulement un remède pour combattre la somnolence. C'était un moyen d'aider l'homme à retourner à sa source, cette heure dans le rythme du jour quand le prince et le paysan partagent les mêmes pensées et le même bonheur en se préparant à retourner à leur destin."*

Lu Yu (733-804)
Cha King, Code du thé,
premier livre consacré au thé.

L'AVENTURE DU THÉ

LÉGENDE DU BREUVAGE SPIRITUEL

Né de multiples légendes pleines de charme, le thé revendique le privilège d'être la boisson la plus ancienne au monde, de près de 5000 ans d'âge, mais son origine est entourée de mystère.

SELON LA LÉGENDE CHINOISE, l'empereur Chen-Nung, connu sous le nom de "Divin Moissonneur", très strict sur le point de l'hygiène, ne buvait que de l'eau bouillie. Un jour de l'an 2737 avant J. C., l'empereur s'était assis pour prendre repos à l'ombre d'un théier sauvage que le vent caressait; quelques feuilles s'égarèrent dans la tasse impériale. Il la but et il se sentit envahi par un bien-être indicible. Le thé venait de naître.

MAIS LES INDIENS attribuent la découverte du thé à Bhodi-Dharma, fils du Roi des Indes Kosjuwo. Sous le règne de l'Empereur Xuanwudi, ce vénérable prince vint de l'Inde méridionale pour voyager en Chine au royaume des Wei du Nord. Il prêcha le bouddhisme et recommanda la méditation, la culture de l'esprit et l'élimination de toute illusion pour arriver au salut de l'âme. Il fit le voeu de ne pas dormir pendant les sept années de sa méditation. Au bout de cinq ans, il fut pris de lassitude et de somnolence mais un hasard providentiel lui fit cueillir et mâcher quelques feuilles d'un arbre inconnu. Il s'agissait d'un théier et les étonnantes vertus du thé lui donnèrent la force de rester fidèle à son voeu.

D'APRES LA LÉGENDE JAPONAISE, l'histoire serait un peu différente : au bout de trois ans de veille, le Prince Bhodi-Dharma se laissa aller au sommeil et rêva des femmes qu'il avait jadis aimées. A son réveil, furieux de sa faiblesse, il s'arracha les paupières et les enterra. Repassant en cet endroit après un certain temps, il observa que les paupières avaient poussé, donnant naissance à un buisson qu'il n'avait jamais vu auparavant; il en grignota les feuilles, et s'aperçut qu'elles avaient la propriété de tenir les yeux ouverts. Il conta cette histoire à ses amis qui récoltèrent les graines, et ainsi commença la culture du thé. On dit que, de la Chine, il s'en fut au Japon et introduisit le thé dans ce pays.

Le voyage du Prince Bhodi-Dharma en Chine est consigné dans les chroniques chinoises du règne de Vu Yu, 543 après J.C.

LA ROUTE DU THÉ

AU QUATRIEME SIECLE de notre ère, le thé commença à être en Chine une boisson répandue.

L'évolution du thé a connu trois étapes principales: le thé bouilli, le thé battu et le thé infusé.

Ces trois "écoles de thé" sont significatives de l'esprit des époques où elles ont prévalu et qui correspondent aux dynasties chinoises Tang, Song et Ming.

Au huitième siècle, le thé devint boisson royale et la noblesse l'adopta comme l'une des distractions élégantes du moment; le poète Lu Yu (733-804), à la grande époque de la dynastie Tang, a écrit le premier livre sur le thé : Cha King ou Code du thé.

Le thé a joué un rôle prépondérant dans l'histoire de la Chine. Sous la dynastie Song (960-1279), il a servi de trésor et de monnaie pour l'Empire et fait l'objet d'un véritable monopole d'Etat; sous forme de brique, il a servi de devise.

L'histoire du thé fut toujours étroitement liée à celle du monde, sa diffusion ayant eu pour conséquence de rapprocher des peuples aux philosophies et religions très diverses.

Au Japon, c'est au neuvième siècle que le thé fut introduit, par un moine bouddhiste, Saïcho. Pour les Japonais, le thé est plus qu'une boisson. La cérémonie du thé ayant pour but d'amener l'esprit à trouver la paix a fort heureusement franchi les siècles et les frontières.

Le thé gagna, par la route des caravanes, tout le pays mongol, la Perse, le monde musulman et la Russie avant que l'Europe apprît à le connaître.

L'Europe, qui resta longtemps sans relation avec l'Orient, ne connut le thé que tardivement. Un marchand arabe du nom de Suleiman l'y aurait apporté. Marco Polo, lui, nous raconte dans son fameux livre "Les Merveilles du Monde" la déposition d'un ministre des Finances de Chine en 1285, pour cause d'augmentation arbitraire des taxes sur le thé.

Mais ce n'est guère qu'en 1610 que le thé marqua le début d'une expansion remarquable dans tout le monde occidental.

La Compagnie des Indes Orientales engageant des relations régulières avec l'Extrême-Orient introduisit le thé en Hollande en 1610, en France en 1636 puis en Angleterre en 1650.

Au dix-neuvième siècle, le thé devint en Angleterre boisson nationale. Ce serait la reine Victoria qui aurait introduit l'usage de boire le thé à cinq heures. Le thé se mêle aussi à l'histoire par la fameuse "Boston Tea Party", le 16 décembre 1773, qui fut le premier acte de la guerre d'indépendance des Etats-Unis.

Au début du dix-neuvième siècle, la Chine était encore pratiquement le seul pays fournisseur de thé au monde. Ce n'est qu'en 1834 que la culture du thé fut introduite en Inde, un peu plus tard à Ceylan, en 1857, puis dans d'autres pays d'Asie, d'Afrique et d'Amérique du Sud. La concurrence entre les armateurs pour le transport rapide du thé entraîna de véritables courses de vitesse sur les routes maritimes de l'Extrême-Orient. Ainsi naquirent les fameuses courses de "Tea-Clippers" ou "China Clippers".

Au vingtième siècle, le thé devint la boisson la plus consommée au monde : au moins 700 milliards de tasses par an.

LA FRANCE DÉCOUVRE LE THÉ

*E*N FRANCE, le thé acquit très vite un degré de popularité très élevé.

Un des premiers amateurs français de thé fut Louis XIV. On rapporte qu'en 1665, ses médecins lui prescrivirent du thé pour "faciliter ses digestions". Le Roi ayant appris par ailleurs que les Chinois et les Japonais ne souffraient ni de la goutte, ni de problème cardiaque, il en prit régulièrement pour son bien-être.

Plus tard, le 1er septembre 1686, le Roi Soleil aurait reçu du célèbre Kosa Pan, ambassadeur de Somdet Phra Naraï, roi du Siam, une coupe à thé en or, fastueux cadeau destiné à faire connaître la boisson mythique.

Le breuvage royal devint bientôt la

Traités nouveaux et curieux du café du thé et du chocolat par Monsieur Philippe Sylvestre Dufour, Lyon, 1685.

boisson des gentilshommes de la cour et des salons de l'aristocratie. La divine plante n'était néanmoins pas au goût de ces dames qui lui préférèrent pour un certain temps le chocolat. Le chancelier Séguier, Racine, Madame de Genlis ainsi que le cardinal Mazarin en furent de fervents adeptes.

D'après les lettres de Madame de Sévigné, l'habitude d'ajouter du lait au thé vint de France, la marquise de la Sablière inaugurant cette mode aujourd'hui répandue dans le monde entier.

Selon Furetière, auteur du premier dictionnaire universel en langue française (1684), qui accorde au thé une pleine page de son ouvrage, "les personnes de la plus grande qualité font gloire de le préparer elles-mêmes dans leurs appartements les plus magnifiques et ont plusieurs vaisseaux de prix à cet effet".

L'introduction du thé a cependant aussi soulevé de nombreuses controverses dans les milieux médicaux.

En 1634, le père jésuite Alexandre de Rhodes ayant vécu 35 années en Chine révélait que le thé le délivrait de ses migraines.

En 1648, un Sieur Morisset présenta une thèse devant la faculté de médecine de Paris assurant que le thé "donne de l'esprit", au grand déplaisir des ardents défenseurs de la sauge qui firent brûler son ouvrage!

Plusieurs autres auteurs s'évertuèrent, dans de savants traités, à rattacher le thé à d'autres plantes connues : myrthe, fenouil, rose sauvage.

C'est grâce à un autre médecin, François Souquet, que le goût du thé s'imposa, pour être enfin, vers les années 1840, définitivement adopté par la bourgeoisie.

INDOCHINE

THÉ DES PLATEAUX MOÏS

"Buvez du thé français"!

C'est en ces termes que l'Union des Planteurs de Thé d'Indochine s'adressait en France au début du siècle aux amateurs de thé. Le Gouvernement Général de l'Indochine Française avait en effet développé des efforts considérables pour promouvoir le thé des hauts plateaux Moïs.

Des essais de culture furent également entrepris sur l'île de la Réunion mais malheureusement sans grand succès.

Aujourd'hui, les Français consomment en moyenne 200 grammes de thé par personne et par an, soit environ 100 tasses.

Un arbre à thé poussait vers 1782 au Jardin des Plantes à Paris, y faisant figure de plante rare et curieuse. En 1988, Mariage Frères confiait à ce même Jardin un théier provenant de la province de Shizuoka, au Japon.

L'ART DE VIVRE ET LE THÉ

En Orient, le thé est un art de vivre. Sous la Chine impériale, l'importance accordée au thé le rendait indispensable à toute cérémonie. Lors d'un mariage, par exemple, il symbolisait longue vie et fidélité conjugale, car les théiers vivent une centaine d'années ou plus.

THÉ ET GASTRONOMIE

LE THÉ est une boisson universelle et peut se marier avantageusement avec la cuisine française. Le thé accompagne facilement divers aliments salés ou sucrés. Ceci permet de multiplier les occasions de le choisir comme boisson tout au long de la journée.

Salon de Paris, vers 1900.

● Petit déjeuner à la française

Familles de thé :

— Chine : Yunnan
— Inde : Darjeeling, Assam, Terai, Dooars, Travancore, Nilgiri, Andrah Pradesh.
— Ceylan : B.O.P., B.O.P.F., Pekoe, F.P.
— Indonésie
— Amérique du Sud
— Afrique
— Océanie
— Mélanges MARIAGE non fumés pour la matinée: Breakfast Earl Grey, Sultane, Gouverneur, De Londres, etc.

● Petit déjeuner à l'anglaise

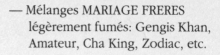

Familles de thé :

— Chine fumé : Lapsang Souchong, Tarry Souchong.
— Inde : Assam
— Ceylan : B.O.P., B.O.P.F., Pekoe, F.P.
— Afrique
— Thés verts de toutes provenances.
— Mélanges MARIAGE fumés pour la matinée : Empereur Chen-Nung, Majesty, etc.

● Brunch

Familles de thé :

— Chine non fumé : Yunnan.
— Chine fumé : Lapsang Souchong.
— Inde : Darjeeling, Assam, Andrah Pradesh.
— Ceylan : F.P., O.P., F.O.P.
— Thés verts de toutes provenances.
— Thés semi-fermentés de toutes provenances.
— Mélanges MARIAGE pour la matinée.
— Mélanges MARIAGE pour la journée.

● Déjeuner - dîner

Poissons

Familles de thé :

— Thés verts de toutes provenances.
— Thés semi-fermentés de toutes provenances.
— Thés fumés.
— Thés Earl Grey.

— Mélanges MARIAGE FRERES légèrement fumés : Gengis Khan, Amateur, Cha King, Zodiac, etc.

Volailles

Familles de thé :

— Chine fumé.
— Inde : Darjeeling.
— Thés semi-fermentés.
— Thés au jasmin.

Plats épicés

Familles de thé :

— Chine non fumé : Keemun, Szechwan, Ching-Wo.
— Inde : Darjeeling, Andrah Pradesh.
— Ceylan : F.P., O.P.
— Thés verts.
— Thés semi-fermentés.
— Thés au jasmin.

● Après-repas

Familles de thé :

— Chine non fumé : Keemun, Szechwan, Ching-Wo.
— Inde : Darjeeling.
— Thés verts.
— Thés semi-fermentés.
— Mélanges MARIAGE pour la soirée.

● L'heure du thé ou du goûter

Familles de thé :

— Toutes les familles de thé.
— Mélanges MARIAGE pour la journée et la soirée.
— Thés parfumés.
— Mélanges parfumés.

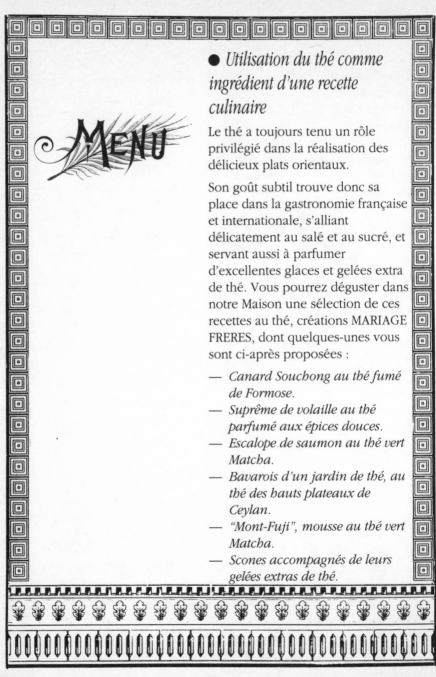

MENU

● *Utilisation du thé comme ingrédient d'une recette culinaire*

Le thé a toujours tenu un rôle privilégié dans la réalisation des délicieux plats orientaux.

Son goût subtil trouve donc sa place dans la gastronomie française et internationale, s'alliant délicatement au salé et au sucré, et servant aussi à parfumer d'excellentes glaces et gelées extra de thé. Vous pourrez déguster dans notre Maison une sélection de ces recettes au thé, créations MARIAGE FRERES, dont quelques-unes vous sont ci-après proposées :

— *Canard Souchong au thé fumé de Formose.*
— *Suprême de volaille au thé parfumé aux épices douces.*
— *Escalope de saumon au thé vert Matcha.*
— *Bavarois d'un jardin de thé, au thé des hauts plateaux de Ceylan.*
— *"Mont-Fuji", mousse au thé vert Matcha.*
— *Scones accompagnés de leurs gelées extras de thé.*

THÉ ET MAISON

*P*OUR ÉVITER que la théière prenne une odeur de moisi lorsque vous ne l'utilisez pas, déposez au fond un morceau de sucre ou une cuillère de thé et ne fermez pas le couvercle.

POUR PURIFIER UNE THÉIÈRE dans laquelle du thé a moisi : lavez-la à l'eau très chaude (sans lessive) puis laissez-y macérer des rondelles de citron dans une seconde eau bouillante pendant 24 heures. Le lendemain l'odeur aura disparu. Ou encore, mettez dans le récipient deux cuillérées à soupe de farine de moutarde après l'avoir rempli d'eau chaude. Remuez bien, rincez à l'eau bouillante puis séchez soigneusement.

POUR FAIRE DISPARAITRE UNE TACHE DE THÉ :
— si elle est récente, frottez-la avec un citron ou avec une eau savonneuse chaude;
— si le tissu est en laine ou en soie, délayez un jaune d'oeuf avec de l'eau tiède, frottez légèrement, rincez et essorez;
— si elle est ancienne, tamponnez-la avec de l'eau additionnée de glycérine.

POUR FAIRE DISPARAITRE L'ODEUR DU POISSON OU DE L'OIGNON qui imprègne une poêle à frire, frottez le récipient avec des feuilles de thé encore humides.

POUR NETTOYER LES BOISERIES PEINTES, rien ne vaut une forte infusion de thé.

POUR RAVIVER ET NETTOYER LES COULEURS DES TAPIS, il suffit de les brosser après avoir essaimé des feuilles de thé bien essorées.

LES VETEMENTS DE SOIE, LES TATAMIS OU NATTES pourront être lavés avec du thé : les taches et les mauvaises odeurs disparaîtront et ils retrouveront un bel aspect.

POUR OBTENIR UNE EAU COLORÉE qui donnera à vos napperons et dentelles cette couleur ocre qui fait tout leur charme, faites bouillir une poignée de feuilles de thé.

POUR RÉASSORTIR DES BAS DÉPAREILLÉS, passez-les dans une infusion de thé très forte. Ils prendront un ton doré et uniforme.

POUR LES PLANTES EN POTS : les feuilles de thé ayant servi aux infusions constituent un excellent engrais; on peut les incorporer à la terre à l'aide d'une fourchette. Il est également recommandé de les arroser de temps en temps avec une infusion de thé.

BRULER DES FEUILLES DE THÉ dans une pièce permet de chasser les moustiques.

THÉ ET BEAUTÉ

« Le théisme est l'art de cacher la beauté que l'on est capable de découvrir, et de suggérer celle que l'on n'ose pas révéler. »

Okakura Kakuso (1862-1913)
Le livre du thé

EMPLOYÉ EN RINÇAGE, le thé donne aux cheveux châtains de ravissants reflets cuivrés.

Additionné de quelques gouttes de citron, il devient un merveilleux astringeant pour les peaux grasses.

Infusé dans de l'eau pure dans laquelle on a mis un morceau de sucre, il adoucit merveilleusement la peau après le rasage ou un nettoyage, et est utilisé en Orient pour la toilette intime.

Utilisé en compresses, il repose les yeux fatigués.

Tamponné sur le visage, le cou et pourquoi pas les bras et les jambes, il donne un hâle délicat à celles qui ne sont pas encore bronzées et prolonge celui qui a été acquis pendant les vacances.

THÉ ET SANTÉ

« Le thé éveille les humeurs et les pensées sages. Il rafraîchit le corps et apaise l'esprit. Si vous êtes abattu, le thé vous rendra la force ».

Empereur Chen-Nung

DEPUIS LE XVIIe SIECLE, les effets bénéfiques du thé ont attiré l'attention des médecins d'Europe.

En 1641, un médecin hollandais, Nicolas Direks, remarquait dans son ouvrage "Observationes Medicae" qu'aucune plante ne possédait d'aussi remarquables vertus que le thé et que "l'habitude de boire du thé préserve les gens de toutes sortes de maladies et assure la longévité."

En 1678, un autre médecin hollandais, Cornelius Betekoe, publia un traité sur "l'excellente boisson du thé" dans lequel on retrouve, traduite du chinois, la liste de ses propriétés bénéfiques :

"Les forces du thé :
Le thé a les vertus suivantes :
1. Purifie le sang
2. Expulse les rêves lourds
3. Soulage le cerveau des pensées sombres
4. Soulage et guérit vertiges et maux de tête
5. Soigne l'hydropisie
6. Est un excellent remède contre le catarrhe
7. Sèche toutes les humidités
8. Guérit de la constipation
9. Rend la vue plus limpide
10. Protège des mauvaises humeurs et des affections du foie
11. Est un bon remède contre toutes les maladies de la vessie
12. Lénifie le mal de la rate
13. Chasse le sommeil trop long et superflu
14. Chasse la stupidité
15. Rend actif et énergique
16. Rend courageux
17. Ecarte la crainte
18. Dissipe la douleur causée par la colique
19. Est un bon remède contre la douleur des menstrues
20. Renforce toutes les parties internes
21. Aiguise l'esprit
22. Renforce la mémoire
23. Renforce l'intelligence
24. Purge la bile
25. Renforce l'énergie sexuelle
26. Etanche la soif ".

● Le thé est une boisson saine, stimulante, diurétique, alcaline et bienfaisante.

Saine

Les feuilles de thé contiennent des vitamines et des sels minéraux essentiels à la santé :
— en particulier les vitamines A, B1, B2, B12, C (notamment dans le thé vert), E, K, P et PP;
— du calcium, du potassium, du manganèse, du cuivre, du zinc, du nickel, de l'acide phosphorique, et sont riches en fluor, efficace contre les caries dentaires;
— du carotène et de la chlorophylle.

Stimulante

Le thé stimule, il n'excite pas. Il contient deux composants principaux, la théine et les tanins, dont les effets stimulants sont appréciables. La théine a une action remarquable sur le cerveau et sur le système nerveux central. Le thé stimule efficacement l'activité intellectuelle et atténue nettement la sensation de fatigue.

Diurétique

La théine et la théophylline contenues dans le thé activent la circulation rénale. Le thé est une infusion sans calories et sans sodium, il dissout les graisses alimentaires et favorise la digestion. Le thé convient donc parfaitement aux régimes sans sel.

Alcaline

Par ses composants alcalins, le thé bu en quantités normales permet de prévenir l'acidification du corps humain.

Bienfaisante

Il exerce une action sur le système circulatoire. La théine et la théophylline augmentent le débit des artères coronaires. Le thé utilisé en quantité normale est plutôt une boisson recommandée pour les cardiaques. Les tanins augmenteraient notablement la résistance des capillaires sanguins lors des baisses de tension.

● Découvertes médicales

L'efficacité du thé vert excède celle de la vitamine E
(Université d'Okoyama, Dép. Pharmacologie, Professeur Takuo Okada)

La vitamine E permet de limiter la quantité de lipides peroxyde contenus dans le corps humain. Ceci ralentit la dégénérescence des cellules, donc le vieillissement. Les résultats scientifiques les plus récents démontrent que le thé vert est vingt fois plus actif que la vitamine E.

Le thé vert est fortement conseillé aux futures mamans
(Université de Kagoshima, Faculté de médecine, Dr Ichiro Mori)

Le Dr Mori et son groupe d'assistants ont centré leurs recherches sur les relations entre certains minéraux comme le zinc et le cuivre et les nouveaux-nés prématurés ou dont le poids est insuffisant. Un buveur de thé vert ingère quotidiennement environ 30 mg de zinc, une personne ne buvant pas de thé vert en ingère une quantité inférieure à 15 mg.

Or les femmes enceintes ont tout particulièrement besoin d'un apport satisfaisant en zinc, puisque le zinc est un des oligo-éléments indispensables aux besoins nutritifs particuliers apparaissant lors de la grossesse.

Le thé vert et la prévention des caries dentaires
(Faculté de médecine et de dentisterie de Tokyo, Dr Masao Onishi, professeur émérite)

Après de longues années de recherche, le Dr Onishi conclut qu'une seule tasse de thé vert consommée quotidiennement aurait l'effet de diminuer de moitié chez les enfants et les adolescents le nombre de cas de caries dentaires. "Le seul fait de se rincer la bouche après les repas avec du thé vert est une méthode de prévention hautement efficace contre les caries dentaires". Le Dr Onishi fonde ses conclusions sur le rôle du fluor découvert dans le thé vert, capable de lutter efficacement contre les caries dentaires.

Les effets du thé vert sur l'artériosclérose, l'hypertension artérielle et l'apoplexie cérébrale
(Université de Tohoku, Dr Meguro, Université médicale Nihon, Dr Fukui, Université municipale de Nagoya, Dr Aoki)

Le thé vert contient une enzyme ayant un rôle bénéfique en cas d'hypertension artérielle : elle permet de métaboliser le cholestérol, ce qui permet à son tour à l'organisme de prévenir l'artériosclérose.

Les médecins estiment que la consommation de thé vert permet de prévenir les apoplexies cérébrales, les maladies cardiaques ainsi que d'autres maladies gériatriques.

L'ART DE RÉUSSIR LE THÉ

Le thé est une boisson noble. La préparation du thé est un art où se rejoignent expérience et tradition.

Comme pour le vin, il existe de grands crus issus de plantations réputées, de jardins dont le seul nom suscite l'admiration des amateurs. Mais le thé demande à être préparé. Le choix de l'eau, de la théière, le temps d'infusion, autant d'étapes qui vous permettront d'en dévoiler la quintessence mais qui, mal réalisées, risquent d'en ternir l'éclat. Voilà pourquoi il vous est nécessaire d'apporter une attention toute particulière aux conseils de préparation et de sélection que l'expérience nous a aidé à élaborer.

L'ART DE LA SÉLECTION DE L'EAU

*L'*ÉLÉMENT PRINCIPAL déterminant la saveur et l'arôme du thé est l'eau utilisée pour l'infusion des feuilles de thé. Une eau impropre est susceptible de ruiner la saveur du meilleur thé.

Depuis toujours les maîtres du thé ont prêté une attention toute particulière à la sélection de l'eau.

D'après Lu Yu, dans son livre Cha King, l'eau de montagne est la meilleure, puis vient l'eau de rivière et enfin l'eau de source.

En effet, le thé, plante délicate, a besoin d'une eau très pure et neutre. Il est bon qu'elle ne soit ni dure ni calcaire et qu'elle ne contienne pas de mauvais éléments comme le chlore, le plomb, l'oxyde de calcium, le magnésium. Les eaux salines, ferrugineuses ou chlorées sont impropres à la préparation du thé et à proscrire.

L'eau ne doit avoir aucune saveur particulière. Si l'eau du robinet n'est pas utilisable pour faire un bon thé, il est recommandé d'utiliser de l'eau minérale ou de l'eau de source neutre.

« DRAPÉ » : Réédition Mariage Frères d'une théière chinoise du 16 ème siècle.

L'ART DE SÉLECTIONNER LES THÉIÈRES

L A DÉGUSTATION DU THÉ procure un plaisir esthétique qui naît en grande partie des ustensiles employés Souvent considérés comme de véritables oeuvres d'art, ils reflètent les états d'âme ou l'état d'esprit de la personne qui sert le thé; il faut donc y attacher donc une importance primordiale.

— POUR LES THÉS DOUX, DÉLICATS ET PARFUMÉS comme l'Oolong de Formose, le Darjeeling ou les thés de Chine, il convient d'utiliser des théières à parois lisses : faïence, porcelaine, verre ou fonte émaillée.

• Les théières en fonte sont elles synonymes de huit siècles de tradition japonaise. Elles étaient alors objets nobles que l'on offrait aux seigneurs, le matériau, solide et inusable, étant symbole de la puissance et de l'autorité. Elles conservent parfaitement la chaleur. L'intérieur étant émaillé, on peut y faire infuser toutes sortes de thés. Le filtre est incorporé, permettant de contrôler l'infusion. C'est la théière par excellence.

• Les théières en porcelaine sont également parfaitement appropriées et respectent tout en le mettant en valeur le goût du thé.

• Les théières en verre sont recommandées pour les thés parfumés, car elles ne gardent aucune odeur et permettent ainsi de passer d'un thé parfumé à un autre.

— POUR LES THÉS PLUS CORSÉS ET RICHES EN TANIN, comme ceux de Ceylan, d'Assam, d'Indonésie, d'Amérique du Sud, d'Océanie ou d'Afrique, vous utiliserez des théières en matière poreuse comme la terre cuite, ou en métal comme l'étain ou l'argent.

• La théière chinoise Yixing, en terre rouge non émaillée, originaire de la province du Jiangsu, est considérée comme idéale. Elle se "culotte" très rapidement et donne toute sa saveur au thé. Mais il faut se garder d'utiliser une telle théière déjà culottée pour d'autres catégories de thé.

L'idéal est d'avoir plusieurs théières :
– une première pour le thé noir non fumé ou le thé semi fermenté
– une deuxième pour le thé fumé
– une troisième pour le thé parfumé
– une quatrième pour le thé vert ou le thé blanc.

Une théière avec un filtre incorporé est préférable; dans le cas contraire, un "filtre à thé dégustateur" (en coton non chloré) prévu à cet effet est absolument nécessaire. L'arôme du thé se libère entièrement s'il n'est pas compressé dans un réceptacle trop étroit.

La théière sera rincée à l'eau claire, retournée pour s'égoutter et essuyée à l'extérieur. Il ne faut jamais la laver avec la vaisselle.

Une théière ne doit servir qu'à la seule préparation du thé, à l'exclusion absolue de tout autre usage.

L'ART DE LA PRÉPARATION DU THÉ

L'évolution de la préparation du thé a connu trois étapes principales à travers trois écoles de thé:
le thé bouilli : dynastie Chinoise Tang (620-907)
le thé battu : dynastie chinoise Song (960-1279)
le thé infusé : dynastie chinoise Ming (1368-1644)

● École du thé bouilli : dynastie chinoise Tang (620-907)

Sous la dynastie Tang, le thé était pressé sous forme de brique de thé.

Grâce à Lu Yu, l'ambassadeur de la brique de thé, le thé fait son entrée dans le royaume de la poésie et est considéré comme l'une des distractions élégantes du temps.

Au Xe siècle, la brique de thé devient un article d'exportation vers la Mongolie et le Tibet, ce conditionnement en rendant le transport plus aisé.

Les plus anciennes routes du thé sont celles qui reliaient la Chine du Nord à la Mongolie et la Chine du Sud-Ouest au Tibet. Les caravanes de chameaux et de yacks mettaient trois mois et demi pour acheminer, le long d'une route de 1500 km, parfois à plus de 5000 m d'altitude, les précieuses briques de thé.

L'art Tibétain

L'art du thé bouilli

Les Tibétains continuent à perpétuer jusqu'à nos jours cet art. Pour préparer leur thé, ils écrasent une brique de thé dans un mortier et la mettent à bouillir avec du riz, du gingembre, de l'écorce d'orange, des épices, du lait et quelquefois des oignons.

Pour préparer du thé compressé, il suffit d'émietter un peu de thé (environ deux grammes par tasse), de le jeter dans l'eau frémissante et de le laisser infuser 5 minutes. Servir après avoir remué et filtré à l'aide d'une passoire à thé.

● École du thé battu : dynastie chinoise Song (960-1279)

Sous la dynastie Song, le thé était en poudre.

Un nouveau sens s'introduit alors dans l'art de la vie et le thé cesse d'être un passe-temps poétique. Le culte du thé

Meule à thé
en pierre

Fouet en bambou

Bol à thé

devient le moyen de parvenir à la connaissance de soi-même.

Les bouddhistes Zen de l'obédience méridionale formulent un rituel complet du thé et c'est de celui-ci que naît le cha no yu, la cérémonie du thé développée ensuite au Japon.

L'art Japonais

Le Cha No Yu, un art de recevoir codifié.

Cérémonie du thé, Japon, 1880.

Chinois à l'origine, et d'inspiration religieuse, le cha no yu commence à être régi par des règles très précises au Japon vers le XVe siècle. Plusieurs écoles affirment alors leur personnalité, mais c'est celle de l'illustre maître de thé Rikyu, au XVIe siècle, qui en établit définitivement les règles. Cette méthode hautement respectée de réalisation du moi et du soi se transmet de génération en génération comme pilier de la culture et de l'âme japonaises. Elle exerce une grande influence sur le comportement des Japonais vis-à-vis du thé. De nos jours, le cha no yu est un véritable "art de recevoir codifié".

Le thé battu se prépare individuellement. On utilise pour cela du thé vert en poudre Matcha. On en dépose environ 1,5 g dans un bol, puis on le recouvre de 4 cl d'eau chaude à 85°C. Ensuite on bat rapidement le thé pendant 30 secondes avec un fouet de bambou ou "chasen", avant de le boire.

Réédition Mariage Frères d'une théière chinoise du 17ème siècle.

arôme. L'origine de la majorité des ustensiles utilisés remonte à la dynastie Song (Xe-XIIIe siècles).

● *École du thé infusé : dynastie chinoise Ming* (1368-1644)

Sous la dynastie Ming, le thé se présentait sous forme de feuilles.

Après avoir déposé quelques feuilles de thé au fond d'un "chung", ou petite tasse à couvercle, on les recouvrait d'eau frémissante pour les laisser infuser.

L'Europe n'a connu le thé qu'à la fin de la dynastie Ming et a donc hérité de cette troisième école, celle du thé infusé.

Pour préparer le thé infusé, après avoir chauffé les ustensiles on verse l'eau frémissante sur les feuilles d'un grand thé vert ou noir et souvent semi-fermenté comme le Ti Kuan Yin ou le Tung Ting.

Le thé infusé dans une minuscule théière étant infiniment plus concentré que le thé ordinaire, il est savouré comme une liqueur et bu dans de très petites tasses.

Tout l'art chinois du thé est de savoir créer un instant de détente conviviale pour déguster ce breuvage exquis dans un cadre agréable.

L'art Chinois

Le Gongfu Cha, un art du thé convivial et spontané.

Il n'implique pas, comme la cérémonie japonaise du thé, la recherche d'un idéal et le respect de contraintes et d'obligations précisément codifiées.

La préparation du thé est cependant méticuleuse, et destinée à dévoiler la quintessence de sa fragance et de son

L'art Russe

Le samovar, symbole de l'hospitalité.

En Russie, le thé est une boisson qui réchauffe les coeurs en même temps que le corps. Pourboire se dit "na tchaï", ce qui signifie : "Pour le thé". Institution

nationale et boisson populaire par excellence, il est toujours prêt quand l'hôte accueille ses invités ou réunit sa famille, ceci grâce au célèbre samovar. Le samovar n'est pas une théière mais un genre de bouilloire qui maintient l'eau en permanence à la température voulue et permet à tout instant de préparer le thé.

Pour préparer le thé à la russe, on infuse dans une petite théière un thé extrêmement concentré (moitié eau, moitié thé). A chaque fois que l'on veut une tasse de thé, on verse un doigt de concentré au fond de la tasse et on rajoute de l'eau chaude du samovar. La petite théière se place au sommet du samovar et est maintenue chaude par la vapeur d'eau qui s'en dégage.

En Russie, le morceau de sucre se place entre les dents, et le thé s'en imprègne en passant de la tasse ou du verre au palais.

Une autre façon traditionnelle de boire le thé est d'y ajouter de la confiture, de la crème de lait ou encore du miel.

L'art Français

La tradition française du thé : l'art de la perfection selon Mariage Frères.

Perfection de l'esthétique et du goût sont les maîtres mots de cette école française, héritée d'une longue tradition affinée au fil des siècles, dont les principes ont été établis par les ancêtres de la famille Mariage et qui est encore aujourd'hui perpétuée par cette véritable Maison de Thé.

Les Français sont ceux qui disposent de la plus grande variété de thés au monde, des 50 jardins les plus réputés de Darjeeling au tendre Gyokuro en passant par les thés du Malawi ou les plus rares mélanges.

Thés verts, blancs, noirs, rouges, semifermentés, compressés, parfumés forment une palette inégalée dont chaque amateur est appelé à apprécier la subtilité. Thés du matin, du repas, de la détente, de l'après-midi ou du soir, thés précieux ou de fantaisie, autant de notions dont l'amateur français est, plus que tout autre, invité à tenir compte.

Toute son attention lui est nécessaire pour connaître et reconnaître leur personnalité, les sélectionner, les préparer de façon à respecter la nature propre de chacun d'eux pour développer leur unique saveur puis choisir l'instant de leur dégustation.

Comme pour le vin, l'alliance du thé et des mets est particulièrement recherchée. Sa présentation, dans des services raffinés, fait partie intégrante de la réussite du "moment thé". Chaque détail nourrit le plaisir de l'oeil et celui du palais. De belles feuilles, de luxueux emballages, des saveurs intactes : telles sont les exigences de nos amateurs.

Au fil des ans s'est ainsi développé un art des mélanges qui a donné naissance à des produits uniques aujourd'hui présents dans les magasins de thé de Londres de New York ou de Tokyo, sous la dénomination prestigieuse de "thé français".

L'art autour du thé, avec la réédition de services, la mise en valeur de boîtes anciennes et la création de pièces de collection, est partout présenté comme une des caractéristiques de notre culture du thé.

Le thé est entré en gastronomie et marque de sa finesse les cartes des plus grands chefs.

Notre savoir-faire est devenu une tradition adoptée jusqu'au Japon.

Son pilier : le contrôle de l'infusion.

C'est aussi une méthode de préparation très rigoureuse, une exigence de qualité et un intérêt certain pour les "thés de jardin", les crus d'appellation d'origine. Chaque thé a ses spécificités, sa nature, ses secrets : la température de l'eau, la durée d'infusion, qui permettront de les révéler complètement, sont elles aussi personnelles. Il est indispensable de les respecter.

Sur la route de la perfection, il faut éviter un premier écueil: confondre thé longtemps infusé et thé fort. La théine, qui donne son caractère stimulant au thé, est en effet

Compiègne - Le thé de l'Impératrice Eugénie dans le salon chinois - fin du 19 ème siècle.

complètement libérée au bout de trois minutes. Au-delà, ce sont les tanins, au goût légèrement amer, qui se dégagent et contribuent, mêlés à la théine, à donner toute sa saveur au thé.

Plus le thé est infusé, plus il y a de tanins, moins la théine est active ; par conséquent, moins le thé est infusé et plus il est stimulant. Mais attention à ne pas laisser le thé infuser trop longtemps (surtout le thé noir à feuilles brisées ou broyées) : il serait alors trop amer et difficile à boire.

La température de l'eau

Le secret de la réussite de votre thé passe inévitablement par une surveillance minutieuse de la température de l'eau. Il faut veiller à utiliser une eau frémissante à 95-98°C. L'ébullition prolongée "tue" l'eau; les feuilles de thé sont détériorées, son arôme et sa saveur dénaturés.

Pour la préparation du thé blanc et du thé vert, plus la qualité du thé est élevée, plus la température de l'eau doit être basse. Il convient ainsi de laisser refroidir l'eau frémissante jusqu'à 70°, température idéale pour les thés blancs ou verts de grande qualité.

Le sucre, le lait et le citron

De façon générale, les puristes dégustent les thés de grande qualité nature, sans sucre, ni lait ni citron. Si vous désirez néanmoins sucrer votre thé, le sucre candy brisé spécial pour le thé est recommandé car il n'en dénature ou n'en modifie pas le goût.

En ce qui concerne le lait, les thés originaires de Ceylan, d'Assam, de l'Inde du sud, d'Indonésie, d'Amérique du Sud, d'Océanie ou d'Afrique, et en particulier les thés à feuilles broyées ou brisées, supportent un nuage de lait froid.

Le citron, lui, dénature le goût du thé. Une rondelle d'orange pourrait très avantageusement le remplacer.

Thé glacé

Préparez une infusion de thé quatre fois plus forte que d'ordinaire et versez-la directement dans une quantité égale d'eau froide. Transvasez le thé dans un verre à moitié rempli de cubes de glace. Pour sucrer, ajoutez du sirop de sucre de canne selon votre goût.

« Karawan », réédition Mariage Frères d'une théière orientaliste, 1875.

Les cinq règles d'or de Mariage Frères pour bien réussir le thé

Pour les thés noirs, les thés semi-fermentés et les thés parfumés :

1 - Le thé doit se faire dans une théière réchauffée au préalable : il convient, après y avoir placé le filtre, d'y verser de l'eau bouillante ensuite rejetée.

2 - Mettre une petite cuillère de thé (environ 2,5 g) par tasse dans le filtre de la théière encore chaude et laisser reposer quelques instants de manière que, grâce à la vapeur, l'arôme du thé puisse commencer à se libérer.

3 - Verser de l'eau frémissante sur le thé de façon que toutes les feuilles en soient imprégnées.

4 - Laisser infuser le thé (consulter la table d'infusion)

- pour les thés à feuilles broyées, environ 2 minutes
- pour les thés à feuilles brisées, environ 3 minutes
- pour les thés à feuilles entières, environ 5 minutes
- pour le Darjeeling first flush, à peine 3 minutes en augmentant légèrement le dosage du thé (3,5 g)
- pour les thés semi-fermentés, 7 minutes

5 - Retirer impérativement le filtre contenant les feuilles de thé et servir après avoir remué (ceci est très important).

Pour les thés blancs et les thés verts :

1 - Le thé doit se faire dans une théière ou dans un "chung" (tasse à couvercle) réchauffé au préalable.

2 - Mettre la quantité nécessaire par personne ou par tasse (consulter la table d'infusion ci-contre). Laisser reposer quelques instants de manière que, grâce à la vapeur, l'arôme du thé puisse commencer à se libérer.

3 - Verser de l'eau chaude sur le thé (consulter la table d'infusion pour la température de l'eau).

4 - Laisser infuser le thé (consulter la table d'infusion)

- pour le thé vert, de 1 à 3 minutes
- pour le thé blanc Yin Zhen, 15 minutes
- pour les thés blancs Pai Mu Tan, 7 minutes.

5 - Enlever les feuilles de thé et servir après avoir remué.

LA TABLE D'INFUSION DE MARIAGE FRÈRES

THÉ	QUANTITÉ DE THÉ	TEMPÉRATURE DE L'EAU	VOLUME D'EAU *	DURÉE D'INFUSION
THÉ BLANC YIN ZHEN	5 G	70°C	20 CL	15 MN
THÉS BLANCS PAI MU TAN	5 G	85°C	20 CL	7 MN
THÉS VERTS SUPÉRIEURS	5 G	70°C	20 CL	3 MN
THÉS VERTS	5 G	95°C	20 CL	3 MN
GYOKURO N° T414	10 G	50°C	6 CL	2,5 MN

Ce thé doit être préparé en très petites quantités et bu dans de minuscules tasses. Il peut être infusé trois fois.

THÉ	QUANTITÉ DE THÉ	TEMPÉRATURE DE L'EAU	VOLUME D'EAU *	DURÉE D'INFUSION
THÉS VERTS DU JAPON T416 T417 T418 T419 T4273 T4274 T4275 T4276 T4277 T4283	6,5 G	70°C	20 CL	2 MN
THÉS VERTS DU JAPON T421 T424 T426	4,5 G	90°C	20 CL	1 à 2 MN
THÉS VERTS DU JAPON T420 T422 T425 T426	4,5 G	95°C	20 CL	1 MN
THÉS SEMI-FERMENTÉS	2,5 G	95°C	20 CL	7 MN
DARJEELING DE PRINTEMPS	3,5 G	95°C	20 CL	3 MN
THÉS NOIRS A FEUILLES ENTIERES FOP, OP, SOUCHONG	2,5 G	95°C	20 CL	5 MN
THÉS NOIRS A FEUILLES BRISÉES BOP et BPS ET THÉS NOIRS PEKOE	2,5 G	95°C	20 CL	3 MN
THÉS NOIRS A FEUILLES BROYÉES BOPF	2,5 G	95°C	20 CL	2 MN
THÉS PARFUMÉS	2,5 G	95°C	20 CL	3 à 5 MN

* 20 cl : volume d'eau moyen d'une tasse à thé.

L'Art de la Conservation du Thé

*L*E THÉ EST DÉLICAT, son arôme est subtil et merveilleux. Traitez-le avec le respect qu'il mérite, il vous récompensera des égards que vous avez pour lui. Depuis longtemps sa conservation a fait l'objet de soins attentifs.

Au XVIIe siècle, le thé était la boisson de l'aristocratie, une denrée coloniale rare en Europe vendue à prix d'or. Il était alors souvent conservé dans des "tea caddies" (mot tiré du malais "kati", qui désignait un poids d'environ 570 g), coffrets en bois précieux, véritables oeuvres d'ébéniste. Pour éviter la tentation de ses domestiques, la maîtresse de maison fermait à clé son coffret à thé..

● Les précautions

Ses ennemis sont l'air, la lumière, l'humidité et la chaleur.

Le thé absorbe facilement l'humidité et les odeurs du milieu où il est gardé. Il est également affecté par les conditions extérieures de température et de lumière.

Il ne faut le laisser séjourner ni dans une ambiance trop sèche ni dans un environnement trop humide.

Il est préférable d'éviter de le laisser en contact avec d'autres produits alimentaires qui risquent de lui communiquer un goût: épices, café et autres produits parfumés, ou médicaux, de crainte que sa qualité en souffre.

Le thé s'altère également s'il reste exposé à la lumière. C'est pourquoi on évitera pour sa conservation tout récipient transparent.

Pour bien le conserver, il convient d'utiliser une boîte à thé traditionnelle, en métal ou à double couvercle hermétique, ou encore un pot en céramique ou autre récipient étanche.

La boîte sera propre, sèche et sans relents d'odeurs.

Comme pour la théière, la boîte à thé ne doit être employée à aucun autre usage.

● La durée de conservation

Contrairement aux idées reçues, exceptionnellement, certain thés peuvent se garder longtemps à condition que les règles de conservation évoquées soient parfaitement respectées.

En Chine, les crus millésimés sont souvent recherchés par les amateurs et vendus à des prix très élevés, en particulier les thés compressés ou les thés Pu-erh. Ils sont soigneusement gardés, parfois jusqu'à cinquante ans pour certains, et leur conservation fait l'objet de soins attentifs et permanents tout au long de ces années. Leur feuilles sont régulièrement chauffées et cette pratique nécessite un savoir-faire tout à fait particulier.

Les thés classiques peuvent se conserver environ deux années.

Pour les thés parfumés, on estime la durée de conservation à environ douze mois.

"Le thé, bien que moqué par les âmes naturellement rustres, restera à jamais le breuvage privilégié des gens d'esprit."

Thomas de Quincey (1785 - 1859)
Confessions d'un opiomane Anglais.

Les plantations de thé dans le monde.

LIVRE DU THÉ

"*N'est-il pas étrange que de si loin, l'humanité se soit rencontrée autour d'une tasse de thé ? Voilà le seul cérémonial oriental qui emporte l'estime universelle.*"

Okakura Kakuzo (1862-1913)
Le Livre du Thé

LA CLASSIFICATION DES THÉS

*Le plus ancien des théiers cultivés au monde, "le roi des théiers", se trouve
dans la vallée de Nannuo, dans la province chinoise du Yunnan.
Il est âgé d'environ huit siècles.*

Dégustation de thé, Chine, fin du 19ème siècle.

LE THÉ, THEA SINENSIS, originaire d'Asie, est de la famille du camellia, Camellia Sinensis. En son état sauvage, le théier est un arbre qui peut atteindre des hauteurs considérables. Grâce à des tailles constantes, il demeure un arbrisseau qui donnera de jeunes bourgeons pointus.

Ce sont ces jeunes bourgeons qui produiront le thé.

Le théier exige un climat chaud et humide ainsi qu'un terrain bien drainé, à des altitudes pouvant atteindre 2000 mètres.

Comparable au vin, chaque cru est le reflet des caractéristiques du terroir : nature du terrain, climat, ensoleillement, pluie, moment de la cueillette.

Tous les thés sont obtenus à partir des mêmes arbres. La cueillette étant effectuée, le traitement des feuilles dépend de la sorte de thé que l'on veut obtenir.

Mariage Frères les classe en six grandes catégories : thés blancs, verts, semi-fermentés, noirs, parfumés et compressés.

1. Thés blancs

Originaire de la province de Fujian, en Chine, le thé blanc est unique et se distingue des autres thés en ce que sa confection se limite à deux opérations, réalisées par des méthodes rigoureusement naturelles, sur ses feuilles fraîches : flétrissage et séchage.

Sa production est extrêmement réduite et sa fabrication exige des manipulations particulièrement soignées.

L'appelation de thé blanc provient de la couleur des feuilles, blanc argenté, et de la présence sur celles-ci de duvet blanc.

Deux grandes variétés de thé blanc sont produites :

● Yin zhen "aiguilles d'argent";
● Pai mu tan "pivoine blanche".

La Chine est le fournisseur quasiment exclusif des véritables thés blancs de qualité.

Thée

2. Thés verts

Les thés verts sont des thés non fermentés. Ils sont le résultat d'une préparation spéciale destinée à éviter le processus naturel de fermentation.

Il existe deux principales méthodes de confection des thés verts :

La méthode Chinoise

Les feuilles fraîchement cueillies sont séchées à sec dans des bassines de cuivre chauffées sur un feu à une température de l'ordre de 100°C (Lung Ching, Chun Mee ou Gunpowder en sont des exemples).

La méthode Japonaise

Les feuilles sont brusquement chauffées à la vapeur dans une cuve spéciale (le Sencha est, parmi d'autres, ainsi obtenu).

Les feuilles deviennent de cette manière souples et pliables pour le roulage. Elles sont alors alternativement et partiellement roulées à la main puis séchées.

Ces opérations sont répétées plusieurs fois jusqu'au séchage définitif. Les feuilles sont ensuite triées en diverses catégories. Les différentes qualités de thé vert obtenues se distinguent par leur couleur, leur arôme et leur apparence.

La Chine, Formose et le Japon en sont les principaux producteurs.

● *Thé vert en poudre :*

Au Japon, le thé vert en poudre appelé "matcha" est souvent utilisé lors de la cérémonie du cha no yu. Après séchage à l'air chaud et passage à la vapeur, les feuilles sont coupées en petits morceaux (tencha) et séchées à nouveau puis réduites en poudre à l'aide d'une meule de pierre.

3. Thés semi-fermentés

Ils sont intermédiaires entre les thés noirs et les thés verts : les feuilles ont subi une courte fermentation. Ils sont appelés "Oolong", ce qui signifie "dragon noir", et parfois "Bohéa", "Bohé" ou "Bou" par altération du mot "Wu Yi", nom de la fameuse montagne de la province de Fujian, en Chine, où se trouvent de célèbres jardins dont la production de thés semi-fermentés est réputée.

Il existe deux grandes méthodes de confection des thés semi-fermentés :

La méthode Chinoise

Ces thés n'ont subi que 12 à 15 pour cent de fermentation. Ils sont considérés par les Chinois comme ceux dotés des meilleures vertus, comme les plus bienfaisants.

La méthode de Formose

Connus à l'étranger sous le nom de "Beauté orientale" ("Ming-Tê", ou "brillante vertu", selon l'appellation donnée à Formose), ces thés sont fermentés de 60 à 70 pour cent et sont assez proches des thés noirs. Ils sont très prisés en France ainsi qu'aux Etats-Unis.

Les thés semi-fermentés possèdent à la fois le doux parfum du thé vert et l'arôme délicat du thé noir.

4. Thés noirs

Les thés noirs sont des thés fermentés.

Selon une méthode "classique" ou "orthodoxe", la préparation des thés noirs peut se résumer aux cinq opérations principales suivantes :

flétrissage, roulage, fermentation, dessication et criblage.

Les experts effectuent généralement des classifications suivant l'aspect des feuilles.

Cette différenciation n'inclut aucune notion de qualité. Les thés à feuilles brisées ou broyées et les thés à feuilles entières ont ainsi les mêmes qualités car ils proviennent des mêmes feuilles.

Les feuilles entières

Le terme Orange Pekoe trouve son origine dans :

- "Orange" qui signifie royal, de la cour royale des Pays-Bas : Oranje Nassau.
- "Pekoe" qui vient du mot chinois "Pak-Ho" ("cheveu" ou "duvet"), car les bourgeons sont recouverts d'un léger duvet blanc.

● F.O.P.: Flowery Orange Pekoe
Désigne le bourgeon terminal et la première feuille de chaque rameau.

Se compose de feuilles jeunes, tendres, fines, bien enroulées, avec une certaine proportion de "tips".

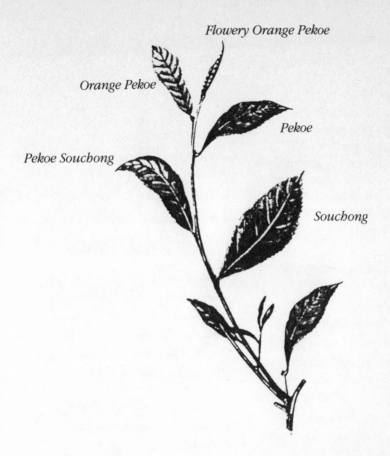

Flowery Orange Pekoe

Orange Pekoe

Pekoe

Pekoe Souchong

Souchong

Ces "tips" sont les fines pointes des bourgeons et constituent des preuves de qualité. En effet, pour les thés supérieurs, seuls de jeunes rameaux sont utilisés; ceux-ci comprennent dans leur partie terminale deux feuilles et un bourgeon, le "tip". Lors du roulage, destiné à extraire les huiles essentielles de la plante, le suc des feuilles se déposera sur le duvet du bourgeon, l'imprégnant de tout son arôme et lui conférant sa couleur, dorée ou argentée ("golden" ou "silver").

● *G.F.O.P.: Golden Flowery Orange Pekoe*
F.O.P. avec des "golden tips" (fines pointes de bourgeons avec des reflets jaunes dorés).

● *T.G.F.O.P.: Tippy Golden Flowery Orange Pekoe*
F.O.P. avec beaucoup de "golden tips".

● *F.T.G.F.O.P.: Finest Tippy Golden Flowery Orange Pekoe*
F.O.P. de qualité exceptionnelle.

- **S.F.T.G.F.O.P.:** *Special Finest Tippy Golden Flowery Orange Pekoe*
Le meilleur des F.O.P.

- **O.P.:** *Orange Pekoe*
Se présente sous la forme de feuilles longues, un peu plus grandes que Flowery Orange Pekoe (F.O.P.), aiguillées et roulées dans le sens de la longueur. La cueillette a lieu quand le bourgeon terminal se transforme en feuille. L'Orange Pekoe contient rarement des "tips".

- **P.:** *Pekoe*
Feuilles courtes, moins fines et ne contenant pas de "tips"

- **F.P.:** *Flowery Pekoe*
Feuilles roulées en roulage spécial, feuilles en boules.

- **P.S.:** *Pekoe Souchong*
Feuilles plus courtes, plus grossières.

- **S.:** *Souchong*
Grosses feuilles roulées dans le sens de la longueur. Souvent utilisé pour les thés de Chine fumés.

Les experts ajoutent également "1" comme mention de première qualité après la désignation; par exemple : F.T.G.F.O.P.1, O.P.1, etc.

Les feuilles brisées Broken

Les thés brisés provenant des parties fragiles des mêmes feuilles que les premières. Souvent, on brise les feuilles entières pour obtenir les thés Broken.
Ils sont commercialisés sous les dénominations suivantes :

- **G.F.B.O.P.:** *Golden Flowery Broken Orange Pekoe*

- **G.B.O.P.:** *Golden Broken Orange Pekoe*

- **T.G.B.O.P.:** *Tippy Golden Broken Orange Pekoe*

- **F.B.O.P.:** *Flowery Broken Orange Pekoe*

- **B.O.P.:** *Broken Orange Pekoe*

- **B.P.S.:** *Broken Pekoe Souchong*

Les feuilles broyées Fannings

Il ne s'agit pas de poussière mais de morceaux plats de feuilles de toute petite dimension (de 1 à 1,5 mm). Les thés à feuilles broyées sont plus corsés que le thé broken.

Ils ont pour dénomination :

- **B.O.P.F. :** *Broken Orange Pekoe Fannings*

Qui aime les thés corsés choisira les Broken, les Pekoe et les Fannings. Qui aime les thés délicats choisira les Flowery Orange Pekoe ou les Orange Pekoe.

5. Thés parfumés

Ils sont l'association du thé et du parfum.

Les Chinois ajoutent souvent un parfum qui, sans faire entièrement disparaître l'arôme propre du thé, lui donne plus de saveur. Trois grandes catégories de thés parfumés peuvent être distinguées :

Les Grands Classiques

On trouve fréquemment, principalement dans les thés de Chine noirs, verts ou semi-fermentés, des éléments empruntés à d'autres plantes qui confèrent au thé un arôme particulier : le jasmin, la rose, l'orchidée, la fleur d'oranger sont les plus prisées. Les fleurs doivent être cueillies au bon moment, quand elles ne sont pas entièrement écloses.

Si les thés au jasmin sont les plus populaires, le plus bel exemple de réussite est néanmoins le thé parfumé à la bergamote, baptisé "Earl Grey", lancé en Angleterre d'après la recette ancienne d'un mandarin chinois par Earl Grey, alors ministre des Affaires étrangères de la Couronne britannique.

Les Fantaisies

Dans les années 50, après avoir appris des Chinois comment parfumer le thé, les marchands de thé européens prirent l'initiative d'élargir leur gamme de thés parfumés :

— en utilisant, tout d'abord, les fruits et les fleurs de leur pays d'origine, ce qui donna par exemple des thés à l'abricot, à la framboise, ou encore au cassis.

— en se servant ensuite d'épices mais aussi de fruits et de fleurs exotiques : thés à la vanille, à la mangue, etc.

Les Mélanges parfumés

Vers 1970, les thés parfumés connurent un grand succès en Europe continentale. Les marchands de thé se mirent alors à mélanger divers parfums puis à les associer au thé : ainsi le mélange tropical, issu de la combinaison des parfums de différents fruits tropicaux.

6. Thés compressés : "Pu-erh"

Pu-erh est le terme général attribué aux différentes formes de thés compressés et en particulier à ceux du Yunnan. Les thés Pu-erh sont cependant aussi commercialisés sous une forme non compressée.

Ils sont également appelés "Bian-Xiao Cha", ce qui signifie "les thés pour au-delà de la frontière". C'est la spécialité de la Chine depuis la dynastie Tang et leur production représente 20 pour cent de la production totale de thé de ce pays. Ils sont fabriqués dans les provinces de Guangxi, Hunnan, Hubei, Szechwan et Yunnan.

Les feuilles des thés verts, noirs, semi-fermentés ou parfumés sont pressées dans des moules et se présentent sous différentes formes de briques. Les plus connus en Europe sont :

- le Dschuan Cha, brique de thé noir;
- le Tuo Cha, nid d'oiseau du Yunnan;
- le Tuo tea, nid d'oiseau de Chongqing;
- le Pu-erh Beeng Cha, galet de thé.

Les thés Pu-erh sont réputés pour leurs effets curatifs.

LES MEILLEURS CRUS

« Les meilleures feuilles de thé doivent être ridées comme les bottes de cuir des cavaliers tartares, craquelées comme la peau d'un buffle, elles doivent briller comme un lac agité par le souffle d'un zéphir, elles doivent dégager un parfum semblable à celui de la brume qui s'élève au-dessus d'un ravin solitaire dans la montagne, et leur douce saveur doit évoquer la terre sous une fine pluie... »

Lu Yu (733-804)
Cha King, Code du thé ,
premier livre consacré au thé.

Asie

CHINE

Le thé est l'une des oeuvres les plus précieuses que la Chine ait offertes au monde.

Maison de thé, Chine, fin du 19ème siècle

LE THÉ avait déjà une place privilégiée dans le commerce extérieur de la Chine il y a plus de mille ans.

La culture du thé en Chine est artisanale. Cueilli et transformé d'une manière rationnelle et minutieuse, le thé de Chine est connu pour sa couleur, son arôme et son goût, très caractéristiques.

La production est circonscrite aux zones tempérées des régions sub-tropicales, où le climat est doux et où les pluies sont abondantes.

La Chine produit la plus grande variété de thés au monde: thés blancs, thés verts, thés semi-fermentés, thés noirs, thés fumés, thés parfumés et thés compressés. Les principales régions productrices sont situées dans le centre et le sud du pays : Shanghai, Jiangsu, Zhejiang, Ningbo, Anhui, Fujian, Jiangxi, Henan, Hubei, Hunan, Guangdong, Guangxi, Szechwan, Chongqing, Guizhou, Yunnan et Hainan.

De façon générale, les coopératives de chaque région contrôlent les mélanges de thés pour avoir une qualité suivie. C'est pourquoi les thés de Chine ne sont pas commercialisés par noms de jardins, comme ceux d'Inde ou de Ceylan, mais par dénominations significatives de qualités et de goûts constants.

Exceptionnellement, subsistent des crus qui ont conservé leur appellation et jouissent d'une réputation qui n'a d'équivalent que celle du vin français. Les thés les plus prestigieux ont continué à être réservés à quelques initiés et certaines hautes personnalités, donc jalousement gardés et rarement exportés.

Après de longs efforts, Mariage Frères a obtenu le privilège de pouvoir importer de ce pays les plus confidentiels et les plus délicats de ses thés pour former la plus précieuse et la plus complète collection de thés rares jamais réalisée.

● *Thés blancs de Chine*

LE THÉ BLANC est issu de la Chine impériale du début de la dynastie Song. Les véritables thés blancs sont très rares de nos jours. La grande région productrice se trouve au Fujian, dans les comtés de Fuding, Zhenghe, Songqi et Jiangyang.

Le thé blanc est idéal pour l'été : très rafraîchissant, il réduit la chaleur interne du corps humain.

T2301   YIN ZHEN
" Aiguilles d'argent "
Le sommet de la perfection des thés blancs. La cueillette dite "impériale" est faite entièrement à la main pendant deux jours par an et seuls les plus beaux jeunes bourgeons sont choisis. Les feuilles de Yin Zhen ressemblent à des aiguilles couvertes de pointes argentées. Cette merveille qui donne une infusion cristaline et mandarine pâle exhale un parfum subtil et un frais arôme de bourgeon. C'est le thé blanc le plus prestigieux et le plus précieux du monde.

T2302   PAI MU TAN IMPÉRIAL
Noblesse du thé que cette fabuleuse pivoine blanche impériale provenant du comté de Fuding dans la province de Fujian. Ces belles feuilles d'une couleur jade ont une grande proportion de bourgeons appelés aiguilles d'argent ou Yin Zhen.

Fleurie, l'infusion de ce thé est cristalline avec un arôme frais et un goût velouté. Fabuleux thé de l'après-midi.

T2306   GRAND PAI MU TAN
"Honorable pivoine blanche"
Grande beauté des feuilles vertes argentées avec un subtil goût fleuri. Son infusion est de couleur mandarine. Grand thé de la journée.

T2307   PAI MU TAN
"Pivoine blanche"
Thé blanc de caractère, arôme fin et fleuri. Agréable pour la soirée.

● *Thés verts de Chine*

*L*E THÉ VERT de Chine a une très longue histoire : pendant plusieurs siècles, il n'existait de thé que le thé vert, toute autre forme de préparation du thé n'étant apparue que bien plus tard. Ce thé est récolté de préférence dans les régions de

montagnes et de collines souvent plongées dans le brouillard.

Les différentes qualités de thé vert se distinguent les unes des autres par leur couleur, leur apparence générale, leur arôme. Les feuilles d'un thé vert brillant donnent une infusion limpide et un goût des plus délicats.

T2200   BOUQUET DE THÉ VERT

Thé vert sculpté : oeuvre d'art de la fameuse montagne Huang Shan (Mont Jaune), dans la province d'Anhui, il est unique. Les feuilles vert argenté les plus tendres, de qualité Huang Shan Maofeng, sont réunies à la main sous la forme d'un bouquet qui rappelle une pivoine verte.

Plaisir des yeux et plaisir du palais, un bouquet infusé dans un "chung" (tasse à couvercle) pendant 3 minutes donne une belle infusion, pâle, douce et très parfumée, au goût exquis. Somptueux thé des peintres et des poètes.

T2211   TAIPING HOUKUI

Trésor de la province d'Anhui, ce fameux thé vert jouit d'une réputation internationale fort méritée. Son aspect ainsi que son parfum sont uniques. Les feuilles sont d'une belle couleur vert foncé et duvetées. Une fois infusées, elles s'épanouissent lentement et forment un ravissant contraste avec l'infusion vert pâle.

Son parfum d'orchidée est prononcé et sa saveur très développée. Subtil thé de l'après-midi.

T220   PI LO CHUN
"Spirale de Jade du Printemps"

Cultivé sur le sommet de la montagne Tung Ting, près du lac Tai Hu, dans la province de Kiangsu, Pi Lo Chun est l'un des plus rares thés verts du monde. Thé extrêmement raffiné, il se distingue par son corps rond, sa couleur verdoyante, son parfum doux, son infusion limpide et ses feuilles tendres et harmonieuses. Très grand thé pour les très grandes occasions.

Tamisage du thé, Formose, fin du 19ème siècle

T2201 DONG YANG DONG BAI

En provenance de la province de Dong Yang, il est cultivé sur le sommet de la montagne de Dong Bai.

Ce thé rare est réputé comme étant l'un des meilleurs thés verts du monde. Il se distingue par son bouquet fleuri, son goût moelleux et son infusion très claire. Thé divin pour les grandes fêtes.

T2202 PEI HOU

Cultivé au sommet de la montagne Tian mu, à 1200 mètres d'altitude, dans la région de Long Gang (province de Zhejiang). La cueillette est soigneusement faite à la main, et seulement une fois par an, au printemps. Pour obtenir un kilo de ce fameux thé, une cueilleuse a besoin de plus d'une journée.

Le traitement de ce thé est aussi totalement effectué à la main, selon une tradition ancestrale. Le célèbre Pei Hou se caractérise par ses belles feuilles tendres d'un vert doré, son arôme subtil et sa saveur douce.

Ce jardin est accessible uniquement à pied, après plus de 5 heures d'escalade. Les caisses de thé empruntent ensuite la même route sur les épaules de jeunes hommes et commencent ainsi leur long voyage vers la France. Sa Majesté le Thé.

T2203 THÉ DE L'EMPEREUR

Réputé comme étant le breuvage préféré de la famille impériale de Chine, ce thé était mentionné dans des écrits chinois du IIIe siècle avant J.C. Ce thé est récolté au printemps dans une des montagnes de la province de Jiangxi. Ses feuilles sont vert clair avec des pointes argentées. Son infusion est d'une belle teinte vert doré. Thé légendaire.

T2204 GOU GU NAO

Ce thé est récolté au printemps dans la haute montagne Gou Gu Nao. Il se distingue par la beauté de ses feuilles argentées et par son grand parfum. Thé très fin de l'après-midi.

T2205 MONTAGNE JIANG XI

Ce thé de montagne se caractérise par une feuille longue, ondulée, avec des pointes argentées. Grand bouquet fleuri.

T2206 PAN LONG YING HAO

Fameux thé de la province de Zhejiang. Les feuilles vert argenté sont roulées et sphériques. Son infusion est très limpide et son goût extrêmement fin. Grand thé d'après le repas.

T2207   SON YANG YING HAO

Réputé comme l'un des thés verts les plus fins, provient de la province de Zhejiang. Ses feuilles douces se composent principalement de pointes argentées. Grand thé au grand parfum.

T2208   YONG XI HUO QING

Thé raffiné de haute montagne de la province d'Anhui, il se caractérise par des feuilles perlées d'une couleur vert argenté, son corps rond, son parfum doux et son infusion cristalline. Thé de grand caractère pour la journée.

T2209   DING GU DA FANG

Cultivé en altitude dans la province d'Anhui, ce fameux thé est réputé pour la beauté de ses feuilles, larges, plates, d'une couleur vert doré et recouvertes de duvets blancs et soyeux. Il donne une tasse brillante, légère et très parfumée. Beau thé de l'après-midi.

T221   LUNG CHING
"Puits du Dragon"

Produit dans la province du Zhejiang, près du lac occidental de Hangzhow, sur les sommets de la chaîne de montagne Tieh Mu, jardins au sol sablonneux blanc et au climat idéal pour la culture du thé, Lung Ching donne une infusion ressemblant à du jade liquide et exhale un délicieux arôme et un parfum délicat imprégnant tout le palais. Thé idéal pour la lecture.

T2210   PUITS DU DRAGON IMPÉRIAL

Le plus estimé des Lung Ching. Il est cueilli avant le festival de la Claire Lumière, avant les chutes de pluie du printemps. Quatre critères permettent de reconnaître sa qualité : sa couleur vert doré, son arôme soutenu, sa saveur exquise et ses feuilles "plates comme la langue d'un moineau". Les puristes affirment qu'il atteint le sommet de la perfection lorsqu'il est préparé avec l'eau pure de la source des Tigres galopants, située près d'un temple proche de ce fameux jardin. Thé de la sérénité. Le thé vert de Chine le plus fameux du monde.

T222   XIA ZHOU BI FENG

L'orgueil des fameux thés du Hu Bei. Les feuilles cueillies toutes jeunes sont traitées avec des soins attentifs.

L'infusion est limpide, elle dégage un parfum tendre et laisse un arrière-goût frais, suave et doux. Thé de la détente.

T2221   JIUHUA MAOFENG

Thé impérial de la célèbre montagne de Jiuhua, dans la province d'Anhui. Ses feuilles longues et fines donnent une infusion lumineuse à la saveur sucrée et à l'arôme intense. Grand thé de la journée.

T2222   HUO SHAN HUANG YA

Thé de printemps de la province d'Anhui. Les feuilles fines et élégantes d'un vert jaune au parfum frais donnent une infusion limpide au goût subtil. Thé rafraîchissant de fin de journée.

T2223 DOUYUN MAOJIANG

Originaire du district du Douyun, dans la province du Gui Zhou. Traitées avec une particulière attention, les toutes jeunes feuilles tendres sont recouvertes d'un très fin duvet. Telles des hameçons argentés, elles rappellent d'éblouissants flocons de neige. Son infusion est limpide, elle exhale un parfum tendre, suave et très doux. Thé distingué.

T2224 XINYANG MAOJIANG

Provient d'une région de haute montagne au sud-ouest du comté de Xin Yang, dans la province du Henan. Réputé pour sa cueillette soignée et son traitement rigoureux, il se caractérise par ses feuilles duveteuses, fines, droites et élancées, son arôme frais et prononcé, son arrière-goût suave et doux et son infusion vert jade si limpide. Breuvage impérial.

T2225 GUANGDONG

Issu de la province du Guangdong, ce thé aux feuilles longues et harmonieuses donne une tasse lumineuse au goût suave. Le parfum qu'il libère est très intense. Thé d'après le repas.

T2226 MONTAGNE KONG MING

Renommé pour ses feuilles larges et tendres au grand parfum, le thé vert des montagnes du Yunnan a rarement quitté son pays d'origine. Il se caractérise par sa teinte céladon et dorée, son arôme délicat et sa saveur douce. Thé de la rêverie.

T223 HYSON
"Fleur de printemps"

Il doit son appellation à ses feuilles jeunes, fines et tendres, d'un beau vert lumineux. Son infusion est d'une couleur jaune verte exhalant un parfum frais et prononcé et ayant un goût velouté.

T2231 FEICUI

Célèbre thé de la province du Jiangxi. Les feuilles fines, distinguées, d'une couleur argentée et soigneusement préparées donnent une liqueur éclatante, une senteur soutenue et une saveur succulente. Breuvage raffiné.

T2290 SENCHA

Préparées selon la méthode dite japonaise, les feuilles de thé fraîchement cueillies sont soumises à l'action de la vapeur. D'une saveur incomparable, à la fois douce et amère, c'est la perfection. Thé pour accompagner le repas.

T2303 WHITE DOWNY

Fameux thé blanc appelé ainsi uniquement en raison du fin duvet blanc et soyeux qui recouvre ses feuilles. En provenance de Guangxi, c'est un thé vert au parfum fin et frais, très velouté, pour la détente.

T2305 LIN YUN

Comme pour le White Downy, ce thé vert est appellé thé blanc par les Chinois pour son apparence. Grand thé aux belles feuilles de couleur réséda. Breuvage doux et rafraîchissant de la journée.

T224 ZHEJIANG

Perlé, soigneusement trié parmi les plus jeunes et les plus délicates feuilles. Donne une belle teinte vert doré. Thé digestif.

T225 CHUN MEE

Fin, ce thé est ainsi désigné pour sa ressemblance avec le dessin du sourcil humain. Il se caractérise par sa finesse, son vert brillant, son arôme pur, fort et persistant. Délicieux pour préparer le thé vert à la menthe.

T226 GUANG XI

Originaire de Guang Xi, ce thé est caractérisé par ses feuilles fines et harmonieuses, sa couleur verdoyante et argentée, son arôme fort et frais. Idéal pour accompagner le repas.

T227 HU BEI

Thé de belle provenance, son infusion est de couleur jaune-orange et son parfum très prononcé. Thé fin pour accompagner la lecture.

T228 JIAN CHUN

Ce célèbre thé jouit d'une bonne réputation pour sa cueillette soignée, son traitement rigoureux, ses belles feuilles brillantes, son goût suave et doux. Convient pour les repas salés.

T229 GUI HUA

Thé traditionnel chinois subtilement mélangé avec des fleurs de laurier. Thé très fin et très rafraîchissant.

T230 GOZHANG MAOJIAN

L'un des dix plus fameux thés chinois. Produit dans des régions de haute montagne, il se caractérise par ses longues feuilles fines, tendres, duveteuses, son arôme pur et sa saveur délicate et laisse un arrière-goût agréable. Thé subtil de la journée.

T2300 SILVER DRAGON

Reconnu comme l'un des thés verts chinois les plus raffinés, le Silver Dragon se caractérise par ses feuilles en forme de dragon couvertes de duvet vert argenté. Arôme intense, couleur limpide et goût sucré. Boisson impériale.

● Thés semi-fermentés de Chine

ORIGINAIRES de la montagne Wu Yi, dans la province du Fujian, les thés semi-fermentés sont la grande spécialité de la Chine depuis plus de trois cents ans. Les principales régions productrices se trouvent dans la province du Fujian mais ils sont également cultivés dans celle du Guangdong.

Considérés par les Chinois comme les meilleurs pour la santé, les thés semi-fermentés réduisent les graisses et chassent les toxines du corps humain, garantissant un bon équilibre.

Les Chinois boivent quotidiennement depuis des siècles de larges quantités de ces thés.

T231 TI KUAN YIN
"Déesse en fer de la Miséricorde"

Cultivés dans la province du Fujian, ses feuilles d'une belle couleur foncée donnent un goût concentré et prolongé qui tient en bouche. Thé fin, légèrement fleuri, d'une saveur délicate. Clairet.

Offrir une tasse de Ti Kuan Yin est une marque de respect pour ses invités.

T232 KWAI FLOWER

Connu en Chine comme "thé à la pêche", feuilles grosses et ouvertes judicieusement mélangées avec le pollen des fleurs de laurier de Chine. Goût très agréable. Une tasse brillante. Convient bien pour l'après-midi et le soir.

T233 SHUI HSIEN
"Fée des eaux"

Doux et légèrement épicé, donne une boisson claire et éclatante. Thé de la journée.

T234 SE CHUNG
"Petite Feuille"

Ressemble au Ti Kuan Yin mais donne une tasse plus foncée et plus forte en bouche. Thé de l'après-midi.

T235 FENGHUANG DANCONG

Le chef-d'oeuvre de la province de Guangdong. Bénificiant d'un climat favorable, ce fameux thé possède un grand arôme au bouquet fleuri. Son infusion dorée a une saveur intense et sucrée. Thé du soir par excellence.

● Thés noirs de Chine

LA PLUS ancienne plantation de thé noir se trouve dans le district de la montagne Wu Yi, au nord de la province du Fujian.

Les Européens appelèrent ce thé "thé noir", car les feuilles sont d'une couleur noire après la fermentation. Les Chinois, eux, l'appellent "thé rouge" d'après la couleur de l'infusion.

Le thé noir représente 25% de la production totale et plus de 50% de l'exportation des thés de Chine.

Il existe deux grandes catégories de thés noirs en Chine : le thé noir non fumé et le thé noir fumé.

Les grandes régions de thé en Chine et à Formose

Thés noirs non fumés de Chine

Province du Yunnan

Thés "sous les nuages"
Ils sont réputés comme "les rois
des thés noirs de Chine".

Les théiers Camellia Asamica sont cultivés sur les hauts plateaux brumeux du sud de la Chine, non loin de la ville de Fengqing. Privilégiés par un climat exceptionnellement favorable, les "Dianhong", thés noirs de la province du Yunnan, se distinguent par leurs belles feuilles aux pointes dorées et au goût unique à la fois sec, fleuri, délicat, riche et très parfumé.

T2001   ROI DU YUNNAN, FTGFOP1
Véritable chef d'oeuvre d'une grande rareté, ce "roi doré" est le résultat d'une cueillette extraordinairement soignée. Extrêmement riche en pointes dorées, il possède beaucoup de corps. Son goût onctueux, fin et fleuri caresse le palais avec un grand parfum. Merveilleux thé de l'après-midi.

T200   YUNNAN IMPÉRIAL, TGFOP
Récolte de haute qualité, l'un des plus estimés des thés du Yunnan. Très belles feuilles, riches en pointes dorées, goût sec, saveur développée. Très grand thé pour le petit déjeuner.

T201   GRAND YUNNAN, TGFOP
Thé à grandes feuilles avec beaucoup de pointes dorées. Très parfumé, au goût enveloppant le palais. Convient pour le petit déjeuner et la journée.

T202   YUNNAN, FOP
Grandes feuilles aux pointes dorées, identique au Grand Yunnan ci-dessus, mais avec un peu moins de tips. Parfum et goût mielleux. Se boit toute la journée.

T2021   PU-ERH
Reconnu en Extrême-Orient pour ses qualités médicinales, ce thé, destiné à la fabrication du thé compressé, possède une saveur particulière et tout à fait unique. Il libère une infusion rouge profond et enveloppe le palais d'un agréable goût de terre légèrement sucré. Thé bienfaisant.

Province d'Anhui

"Une rose parmi toutes les beautés"

La province d'Anhui, située à l'ouest de Shanghaï, est l'une des plus grandes régions productrices de thé en Chine. Bénéficiant d'un climat sub-tropical, cultivés dans les régions montagneuses à environ 1 000 mètres d'altitude et en particulier sur les flancs des célèbres montagnes Huang Shan et Jiuhua Shan, les thés d'Anhui jouissent à travers le monde d'une excellente notoriété, et ce depuis des siècles. Renommés pour leur parfum subtil d'orchidée, les thés de Keemun ou "thés de la montagne du lion" donnent une liqueur rouge et brillante à la saveur douce et sucrée .Ils contiennent très peu d'éléments astringents. Thé exquis.

T2031   BOUQUET DE THÉ NOIR
Thé sculpté : une extraordinaire composition de la mystérieuse montagne Huang Shan. Les feuilles tendres réunies à la main forment comme un délicat bouquet parfumé à la saveur exquise. Infuser un bouquet par personne dans un "chung" ou tasse à couvercle pendant cinq minutes. Une autre manière raffinée de boire le thé.

T2032   ROI DU KEEMUN, FTGFOP1
Somptueux thé Gongfu, le très rare thé noir chinois de cérémonie. Priviligiée par une nature favorable, la plantation est disséminée dans une montagne brumeuse et jouit de précipitations abondantes et de températures douces.

Très belles feuilles larges aux pointes dorées. Son infusion est d'un rouge éclatant, sa saveur est douce et sucrée et son arôme rappelle la fragrance de l'orchidée. Sa Majesté le Thé.

T2030   KEEMUN IMPÉRIAL, FOP

Très rare, le plus recherché des thés de Keemun. Très belles feuilles luisantes, arôme subtil, saveur délicate. Le fin du fin. Le thé préféré de la cour de Buckingham pour célébrer l'anniversaire de la reine d'Angleterre.

T203   GRAND KEEMUN, FOP

Récolte exceptionnelle, très belles feuilles, très aromatique, digestif, doux, légèrement fleuri. Faible en théine. Convient mieux pour le soir.

T204   KEEMUN, FOP

Thé doux, léger, légèrement sucré. Thé de l'après-midi et du soir.

Province du Szechwan

"Thés du Paradis"

La province du Szechwan est pionnière dans la culture de thés de qualité. Les plantations se trouvent dans le fameux district de la montagne Meng, à plus de 1500 mètres d'altitude. Les pluies généreuses et les brouillards épais créent une unique et parfaite condition pour la culture de ce thé.

T2060   SZECHWAN IMPÉRIAL, TGFOP1

Thé suprême, cultivé au sommet de la montagne Meng. Ses feuilles brillantes aux pointes dorées possèdent un parfum raffiné et intense. L'infusion rouge orangé réserve une fragrance fleurie, au goût subtil et sucré. Très grand thé du soir.

T206   SZECHWAN, FOP

Thé de qualité de la province du Szechwan, feuilles très fines avec des tips. Goût particulièrement fleuri, aromatique, rond et soutenu, couleur foncée. Thé de l'après-midi pour les connaisseurs.

Autres provinces

T2095   JIANGXI IMPÉRIAL, TGFOP1

Reconnu en Chine pour être le "roi des thés noirs", ce majestueux thé Gongfu compte parmi les thés noirs de Chine les plus subtils. C'est aussi un des thés les plus recherchés, et en particulier par les Russes. Récolté dans la province de Jiangxi, au sud-est de la Chine, et uniquement au printemps, il possède un caractère voisin du Keemun Impérial. Très belles feuilles riches en pointes dorées. Son infusion est d'un rouge brillant. Son goût est doux et succulent. Excellent thé de l'après-midi.

T205   NINGCHOW, FOP

Thé aux feuilles entières avec des tips. Aromatique, légèrement fleuri. Thé doux pour toute la journée.

T207   PINGSUEY, OP

Feuilles entières, de couleur soutenue, goût rond. Thé doux, recommandé pour l'après-midi.

T208   PANYONG, OP

Feuilles entières au goût suave, parfum agréable. Assez faible en théine. Se boit dans la soirée.

T209   CHING WO, FOP

Grand thé de la province de Fujian, feuilles fines et régulières. Thé délicat. Donne une infusion rouge clair; excellent corps et parfum fin. Convient pour l'après-midi et le soir.

 Thés noirs fumés de Chine

Province du Fujian

Au milieu du XVIIe siècle, le thé fumé voit le jour dans le comté de Chongan de la province du Fujian. Les Chinois fument le thé d'une façon artisanale : les feuilles souchong déjà fermentées sont mises sur une plaque de fer chaude pour griller, puis sont disposées sur des panneaux de bambou placés au-dessus d'un feu alimenté par des bûchettes de pin frais pour s'imprégner de leur odeur. Thé de caractère.

T210   LAPSANG SOUCHONG IMPÉRIAL

Le plus fin des thés fumés, très belles feuilles, longues, régulières, délicatement fumées d'une manière traditionnelle avec des bois rares. Thé riche et subtil pour la journée.

T211   GRAND LAPSANG SOUCHONG

Haute qualité, grandes feuilles entières, fumées d'une façon artisanale et imprégnées de l'odeur des fameuses racines de pins chinois. Boisson claire et de grande saveur. Très agréable pour accompagner les plats salés et épicés.

T212   LAPSANG SOUCHONG

Grand Lapsang aux feuilles entières, moyennement fumé.

T213   TARRY SOUCHONG

Grand Lapsang à grandes feuilles, très fumé.

T214   YU PAO

Légèrement fumé. Convient mieux pour la journée.

● Thés compressés de Chine

*L*A PREMIERE ÉCOLE de thé « thé bouilli » est née à l'époque puissante et brillante de la dynastie Tang (620-907). La période qui suivait la mousson était consacrée à fabriquer des briques de thé. On écrasait d'abord les feuilles pour en extraire les constituants actifs, puis on les pressait dans des moules. On les ficelait, les enveloppait et on les portait dans des paniers suspendus à chaque extrémité d'une perche à tous les sujets du grand empire des Tang.

Cette coutume est encore florissante chez les Tibétains et dans diverses tribus mongoles.

T241   BRIQUE DE THÉ, DSCHUAN CHA

Thé noir compressé en forme de brique 24 x 19 x 2,3 cm, poids : 1,125 kg avec des motifs traditionnels chinois sculptés. L'empereur de la dynastie Song faisait payer les contribuables en briques de thé. Peut très bien se boire, mais c'est surtout un très bel élément décoratif. Un cadeau très original.

**T242 GALET DE THÉ,
PU-ERH BEENG CHA**

Galet rond de 20 cm de diamètre, d'un poids d'environ 360 g. Thé compressé composé de feuilles entières.Saveur exceptionnelle.

T243 NATTE DE THÉ MÉDICINAL

Tresse de 5 boules. Chaque boule donne un litre de thé délicieux aux vertus désaltérante, digestive et anti-fébrile. Deux tresses dans l'eau du bain procurent relaxation et détente salutaires.

T244 TUO CHA

Originaire de la province du Yunnan, ce thé noir au léger goût de terre est compressé sous la forme d'un "nid d'oiseau". Sa réputation est assise; sa consommation régulière peut contribuer à la baisse du taux des triglycérides contenus dans le sang.

T245 TUO TEA

Né à Chongqing, ce nid d'oiseau appelé "café chinois" donne une infusion orange et brillante au goût finement aigre-doux.

Empaquetage du thé, Chine, 1900

FORMOSE

Il y a 300 ans, les premiers théiers originaires de la province du Fujian, en Chine continentale, furent plantés au nord de Formose.

*D*ANS CETTE RÉGION bénie des dieux, où la température ne dépasse pas 28°C au plus fort de l'été et ne descend jamais au-dessous de 13°C en plein hiver, la culture du thé a pu prendre une expansion extraordinaire. Les thés semi-fermentés sont la grande spécialité de Formose.

● *Thés semi-fermentés de Formose*

Méthode chinoise

T2701 TUNG TING

En provenance de la montagne Tung Ting, ce thé est réputé comme étant l'un des meilleurs thés de l'île de Formose. Il est très légèrement fermenté, donne une infusion de couleur rouge orangé et a une saveur douce. Thé de grande fête.

T2702 GRAND POUCHONG IMPÉRIAL

Grand rival du célèbre thé Tung Ting, les meilleures feuilles sont très légèrement fermentées. Ce thé donne une infusion d'une belle couleur dorée et un arôme délicat. Thé de la journée.

T2703 TI KUAN YIN IMPÉRIAL

Réputé comme thé bienfaisant, il est partiellement fermenté et donne une infusion d'une teinte ambrée. Son goût est doux et son parfum très développé. Thé digestif.

Préparation des caisses à thé, Chine, 1900

Méthode de Formose : "beauté orientale"

Comme la Chine, Formose produit du thé noir, du thé vert, du thé parfumé et le plus fameux thé semi-fermenté, sa grande spécialité, surnommé "Beauté orientale".

T270 OOLONG IMPÉRIAL

Un chef-d'œuvre, le meilleur des meilleurs. Ce beau thé de grande rareté donne une infusion dorée, un parfum très fleuri et un goût subtil. Thé divin.

T271 GRAND OOLONG FANCY
"Grand Dragon Noir"

Récolte exceptionnelle du printemps, très belles feuilles entières aux pointes blanches. Grand parfum, goût exquis, grande délicatesse. Thé raffiné pour les grandes fêtes, une vraie splendeur.

T272 OOLONG FANCY

Bouquet exceptionnel, récolte d'été, très beau thé aux feuilles entières, très fleuri et aromatique, brillant. Convient mieux pour la fin de l'après-midi et la soirée.

T273 GRAND OOLONG

Grand thé romantique, très parfumé et au goût extrêmement agréable. Boisson claire. Très relaxant. Pour tous les moments agréables.

T274 OOLONG

Fin, très doux, aromatique et de saveur agréable. Recommandé pour la fin d'après-midi ou le soir.

● *Thé noir fumé de Formose*

T251 TARRY SOUCHONG

Thé aux grandes feuilles imprégnées par la fumée du bois spécial et rare de Formose. Extrêmement fumé. Goût et parfum spécifiques. Très recherché par les connaisseurs de thés fumés. Accompagne le petit déjeuner à l'anglaise par excellence.

● Thés verts de Formose

T2611 LUNG CHING

Thé de genre Lung Ching de Chine continentale, feuilles plates, vert brillant. Donne une infusion limpide, d'une couleur d'émeraude; saveur fine et parfum doux. Très grand thé pour la journée.

T2613 PI LO CHUN

Thé type Pi Lo Chun de Chine continentale. Parfum délicat, goût légèrement sucré, son infusion est de couleur jaune vert tendre. Thé fin pour l'après-midi.

T2617 GUNPOWDER ZHU CHA
"Poudre à canon"

Feuilles roulées, petits grains. Délicieux pur, mais très apprécié en adjoignant des feuilles de menthe fraîche pour préparer le thé vert à la menthe. Très rafraîchissant.

Mise en caisse du thé, Chine, 1900.

INDE

Les régions principales de production sont situées au Nord-Est sur les flancs de l'Himalaya, puis vers l'est, dans la vallée de l'Assam, et tout autour des monts du Nilgiri, au sud.

L'Inde est devenu le premier producteur et le premier exportateur mondial de thé.

Darjeeling

Le thé indien le plus raffiné, considéré comme le plus noble et le plus précieux, est sans aucun doute le Darjeeling, "le roi des thés noirs."

C'EST ainsi qu'une petite ville indienne donne son nom au thé le plus fameux du monde. Les plantations de Darjeeling se situent entre 1 000 et 2134 mètres d'altitude, sur les versants sud de l'immense Himalaya, entre Bhoutan, Népal et Sikkim.

Cette haute altitude, une température fraîche, un climat humide, un bon ensoleillement et la nature exceptionnelle du sol donnent ainsi aux feuilles de thé Darjeeling un goût particulièrement délicat, une saveur semblable à celle du muscat, de l'amande, des fruits mûrs, un arôme riche et un bouquet exquis.

Il y a 102 jardins de Darjeeling dont les plus fameux sont Castleton, Jungpana, Margaret's Hope, Namring, Lingia, Seeyok, Risheehat, Bannockburn. Ces jardins produisent tous, chaque année, des Darjeeling de haute qualité qui justifient l'idée selon laquelle ils sont au thé indien ce que le champagne est au vin français.

Mais ce qui fait la spécificité, le charme et qui fonde le prestige des Darjeeling, c'est aussi leur extrême diversité et leur richesse.

En outre et surtout, la confection du thé a conservé tout son caractère artisanal, et l'art du spécialiste trouve là matière à s'exprimer pleinement. Si les autres stades de la fabrication se satisfont bien de la machine, la fermentation, elle, se fait toujours "au nez". Le planteur est constamment, pendant le court instant qu'elle dure, à la recherche de l'instant précis où le processus devra être arrêté pour obtenir le résultat optimal : il observe la feuille, la hume et détermine le point d'équilibre où l'oxydation

Plantation de thé, Darjeeling, 1920

révélera l'arôme le plus vif, la liqueur la plus claire. Le but ultime de chacun de ses gestes : l'excellence.

Chaque jardin a donc sa personnalité; aucun des multiples lots de la même récolte d'un même jardin n'est semblable à un autre. Ainsi, le dégustateur de Mariage Frères est appelé à choisir parmi plusieurs dizaines de Darjeeling d'un même jardin (par exemple Castelton) et d'une même récolte (par exemple celle de printemps) qui s'échelonnent en qualité et par conséquent en prix. Les spécialistes se gardent donc de toute comparaison fondée sur la seule appellation.

Les plus prestigieux jardins de Darjeeling.

● *Thés noirs de Darjeeling*

Récolte de printemps : First Flush

En général, la récolte a lieu entre fin février et mi-avril, mais sa date peut varier en raison des vagues de froid.

Caractéristiques : les feuilles des thés first flush sont de couleur vert brun et ont beaucoup de tips.

Une fois infusées, elles deviennent vertes et présentent un parfum intense et unique. L'infusion est d'un jaune d'or très clair. Il est recommandé de porter la quantité de thé à 3,5 g au lieu de 2,5 g par personne et de laisser infuser entre 2 et 3 minutes.

La récolte de printemps donne des thés jeunes, un parfum très développé, un goût remarquablement fleuri, léger et très fin qui rappelle le muscat ou les amandes vertes.

Une grande fraîcheur pour un thé "primeur". Une rareté.

T100   CASTLETON, SFTGFOP1
      L'un des jardins les plus anciens et les plus prestigieux de Darjeeling, situé à une altitude de 1600 mètres, près de Kurseong. La grande oeuvre du début du printemps. Parfaite apparence, parfum sublime, goût exquis de muscat vert.
Un sommet de finesse.

T1000 BLOOMFIELD, SFTGFOP1

"Sentimentalement nôtre", ce jardin offre des récoltes fabuleuses. Très belles feuilles aux pointes blanches, parfaitement caractéristiques des first flush. Somptueux thé pour l'après-midi.

T1001 LINGIA, SFTGFOP1

Altitude : 2000 mètres. L'un des plus beaux jardins pour l'une des plus belles qualités. Infusion dorée pâle, tasse très légèrement sucrée, avec un subtil soupçon de fleurs exotiques. Excellent thé pour les moments précieux.

T1002 AMBOOTIA, FTGFOP1

Qualité exceptionnelle, très belles feuilles au grand parfum, liqueur claire, saveur douce et très légèrement épicée. Très grand thé de la journée.

T1003 MAKAIBARI, FTGFOP1

Jardin très réputé en France, situé au sud de Kurseong, à la hauteur de 1400 mètres. Ce fameux thé possède le goût vif et fin de l'amande verte. D'une extrême fraîcheur, c'est un fabuleux thé de l'après-midi.

T1004 MILLIKTHONG, SFTGFOP1

Un des Darjeeling de printemps les plus raffinés issu d'un jardin de dimensions réduites à 1215 mètres d'altitude, sur les flancs de collines inhospitalières proches de la frontière du Népal. Les feuilles sont attrayantes et très élégantes. Elles donnent une liqueur jaune d'or. Grand thé savoureux, au goût pétillant, avec un rappel de muscat vert. Thé subtil d'après le repas.

T1006 PANDAM, FTGFOP1

Beau bouquet de printemps. Etabli en 1856 par des planteurs britanniques, cet ancien jardin se trouve à 2000 mètres d'altitude, près de la ville même de Darjeeling. Ses belles feuilles torsadées issues de plants chinois donnent une liqueur sucrée d'une grande fraîcheur, une tasse éclatante au goût rond propre au Darjeeling de printemps. Thé frais et fin pour l'après-midi.

T101 MARGARET'S HOPE, SFTGFOP1

Une divine majesté. Ce fameux jardin se trouve près de Darjeeling Town (1500 m d'altitude) et est très réputé pour la qualité de ses récoltes de printemps et d'été. Bouquet raffiné au grand parfum, saveur délicate qui réjouit les fins palais, infusion brillante et cristalline. Une vraie splendeur.

T102 BADAMTAM, FTGFOP1

Notre jardin nostalgique. Cru exceptionnel, très prestigieux Darjeeling produisant de superbes first et second flush de grand caractère avec une note fleurie et distinguée. Suave et prenant. Recommandé pour la tea-party.

T103 MIM, FTGFOP1

Bouquet fleuri pour ce jardin vénéré de l'ouest de Darjeeling, près de la frontière népalaise, à 1800 mètres d'altitude. Ses belles feuilles harmonieuses et bien enroulées donnent une tasse douce au goût relevé. Fin et bouqueté, c'est un grand thé pour finir un grand repas.

T104 PUTTABONG, FTGFOP1

Niché à 1600 mètres d'altitude, près du Népal, ce jardin réputé par ses belles feuilles finement travaillées produit de très bons first et second flush. Il est caractéristique du thé de printemps. Tasse douce, légère et de grande fraîcheur. Parfum sublime. Thé de l'après-midi.

T105 GIELLE, FTGFOP1

Merveilleux cru situé près du fleuve Teesta à une altitude de 1600 mètres. Les first et second flush rivalisent en réputation. Grande fraîcheur de printemps, saveur exquise, appréciée des palais les plus raffinés. Convient pour le brunch.

T106 GOPALDHARA, FTGFOP

Grande finesse, récolte de la meilleure période. Ses belles feuilles sont pourvues de nombreuses pointes blanches. Arôme intense et nuance dorée sans aigreur. Recommandé pour le high-tea.

T107 SINGTOM, FTGFOP

Un fleuron des récoltes de printemps. Thé fleuri, goût français, saveur exquise. Infusion pâle dorée. Thé délicat pour la journée.

T108 SPRINGSIDE, FTGFOP

Grand cru d'un jardin voisin de Castleton, feuilles entières au goût équilibré. Très fin et aromatique. Liqueur douce et fine. Pour la pause-thé.

T109 ORANGE VALLEY, TGFOP

Grande qualité provenant du domaine de Bloomfield. Les feuilles de taille moyenne riches en tips donnent une tasse fleurie, limpide et brillante. Thé de la journée.

T110 NAMRING, TGBOP

Provient d'un grand jardin. Feuilles brisées. Très corsé et aromatique. Thé riche pour le matin. Supporte un nuage de lait froid.

T1100 SOURENI, BPS

Bouquet fleuri issu d'un jardin situé près des contreforts de l'Himalaya. Ce thé allie la force des feuilles Pekoe Souchong brisées à la fragrance du Darjeeling de printemps. Thé idéal pour le petit déjeuner à la française.

Récolte intermédiaire : In-Between

Cette récolte a lieu entre la "première" et la "deuxième", en avril-mai. Le thé qui en est issu représente un équilibre entre la verdeur de la récolte de printemps et la maturité de la récolte d'été.

Porteurs de caisses de thé Darjeeling, 1900.

T111 SEEYOK, FTGFOP
Célèbre jardin à 1800 mètres de hauteur, à la frontière du Népal. Cette récolte inhabituelle donne des feuilles très fines, bien travaillées. Thé très fleuri, savoureux et avec beaucoup de corps. Thé vif pour la journée.

Récolte d'été : Second Flush

La récolte d'été a lieu entre mai et juin. C'est la plus grande récolte de l'année. Elle donne des thés d'excellente qualité.

Caractéristiques : les feuilles sont de couleur brun foncé avec beaucoup de pointes argentées; une fois infusées, elles deviennent cuivrées avec un parfum très prononcé. L'infusion donne une belle teinte dorée et foncée.

Le thé second flush possède un grand arôme délicat avec un goût remarquablement fruité rappelant les fruits mûrs; rond et vif, il est un peu plus corsé que les first flush.

T1110 CASTLETON, SFTGFOP1
Sa majesté le roi des Darjeeling d'été. Ce fameux jardin bat régulièrement les records de ventes aux enchères de Calcutta. Les feuilles scuplltées donnent une couleur châtaigne et sont riches en tips. Castleton se distingue par son célèbre goût de muscat, son arôme particulier à la fois subtil et intense. Grandiose, c'et le plus prestigieux et le plus précieux des thés indiens.

T1111 JUNGPANA, SFTGFOP1
Dignité impériale, il est le grand rival de Castleton. Ce jardin renommé bat régulièrement son propre record à la vente aux enchères de Calcutta. Situé au sud-est de Darjeeling Town, à 1300 mètres d'altitude, Jungpana est parfaitement caractéristique de la récolte d'été. Mais il y ajoute son fameux goût de noisette très fruité. Somptueux thé de la fête.

T112 NAMRING UPPER, SFTGFOP1
Excellent cru d'un jardin situé à quelque 2200 mètres de hauteur. Ses premières graines, apportées de Chine, furent plantées dès 1855 par les Britanniques. L'un des meilleurs bouquets de la récolte. Très belles

feuilles, thé très fruité et équilibré. Eblouissant et divin pour les grandes occasions.

T1120 MAKAIBARI, SFTGFOP1

Cru exceptionnel. Il se distingue par ses feuilles très colorées. Thé de grande délicatesse, saveur subtile et très fruitée rappellant le cassis. Grand thé de l'après-midi.

T113 PUTTABONG, FTGFOP1

Provient d'un des plus vastes jardins de Darjeeling. Très grand thé de l'été, très parfumé, avec une belle note de pêche mûre. Plein en bouche. Idéal pour l'après-midi.

T114 RISHEEHAT, FTGFOP1

Jardin de haute renommée situé à 1400 mètres d'altitude à l'est de Darjeeling Town. Feuilles finement roulées. Cru exceptionnel extrêmement fin. Noble parfum, la délicatesse même. Il se caractérise par une tasse particulièrement parfumée sans aucune amertune. Thé de la journée.

T115 BADAMTAM, FTGFOP1

Thé des Français. Les feuilles élégantes dotées de tips donnent une tasse dorée, très fruitée, parfumée et pleine en bouche. Excellent thé de la journée.

T116 MARGARET'S HOPE, FTGFOP

Thé des Britanniques, très aromatique, de la meilleure période de second flush. Il donne une tasse ronde en bouche. Thé du matin par excellence.

T117 SINGBULLI, TGFOP

Haute qualité d'un très grand jardin situé au sud, dans le district de Mirik, à une hauteur de 1200 mètres. Ce thé donne une tasse vive sans aigreur au goût de muscat. Thé de l'après-midi.

T118 GIELLE, FTGFOP

Thé de grand caractère. De couleur châtaigne ses très belles feuilles aux pointes blanches sont soigneusement travaillées. Tasse lumineuse et aromatique, rond en palais avec une note proche du cassis. Thé fin pour le petit déjeuner.

T1180 TONGSONG, FTGFOP1

Thé vénéré de l'été. Il possède des feuilles riches en tips au bouquet délicat. Tasse dorée avec un soupçon de muscat. Thé de l'après-midi.

T1181 LINGIA, FTGFOP1

Beau thé d'un beau jardin soigneusement entretenu. Ses feuilles attrayantes donnent une liqueur dorée, vive et avec beaucoup de corps. Thé poétique.

T1182 BANNOCKBURN, FTGFOP1

Etabli en 1860, ce jardin est réputé pour sa qualité constante. Belles feuilles, bon arôme et saveur développée avec un arrière-goût de raisins secs. Recommandé pour le brunch.

T1183   PHOOBSERING, FTGFOP1

Thé de fine qualité. Belles feuilles régulières donnant une liqueur ambrée à l'arôme puissant et au goût d'amande. Thé de l'après-midi.

T119   TEESTA VALLEY, TGFOP

Jardin distingué situé aux confins de Gielle, à 1400 mètres d'altitude, près du fleuve Teesta. Cette plantation est très riche en plants chinois. Goût rond, relevé et aromatique. Couleur dorée. Convient pour le brunch.

T120   TUKDAH, TGFOP

Cru très recherché provenant d'un très grand jardin à une hauteur de 1800 mètres au nord de Darjeeling Town. Ses belles feuilles aux pointes dorées ont un parfum très prononcé et un goût fruité. Thé de 5 heures.

T121   KALEJ VALLEY, TGFOP

Jardin renommé pour son second flush. Il est situé au sud de Goom, près de la route ferroviaire de Silguri, à une altitude de 1600 mètres. Grandes feuilles, goût rond et parfumé. Thé de l'après-midi.

T122   NAGRI, TGFOP

Situé à l'ouest, à la frontière du Népal, à une hauteur de 1200 mètres, ce jardin donne une tasse fortement fruitée et agréablement ronde en bouche. Délicieux à 5 heures.

T123   BALASUN, TGFOP

Grand jardin renommé au sud de Darjeeling Town à 1600 mètres d'altitude. Ses feuilles, dotées de pointes blanches, possèdent une saveur très développée et une teinte dorée. Thé pour la journée.

T124   MOONDAKOTEE, BPS

Un "champion" de la récolte d'été, provenant d'un jardin près de Mirik, à l'ouest de Darjeeling Town. Ses feuilles Broken Pekoe Souchong donnent un bouquet corsé et délicatement parfumé. Parfait pour le petit déjeuner.

T125   MARGARET'S HOPE, TGBOP1

Puissance et richesse pour ces feuilles brisées au goût fort et rond. Grand thé pour le petit déjeuner. Supporte du lait froid.

Récolte d'automne : Autumnal

La récolte a lieu d'octobre à novembre et donne des thés à grandes feuilles de très bonne qualité. Les feuilles sont de couleur brun foncé. Son infusion est cuivrée.

T126   MARGARET'S HOPE, FTGFOP1

Thé du début de la récolte d'automne, à l'arôme développé, au goût rond avec beaucoup de corps. Recommandé pour la journée.

Art du mélange de Darjeeling

Mélange des meilleurs crus, mélange des différents jardins ou mélange de différente récoltes pour obtenir un goût unique et une qualité suivie.

T1270 DARJEELING IMPÉRIAL, SFTGFOP1
La noblesse du mélange. Alliance du beau bouquet de printemps et de la note sucrée des fruits mûrs de l'été. Éclatant, c'est un thé de fête.

T127 QUEEN VICTORIA, FTGFOP
Le must, qualité exceptionnelle, mélange des meilleurs jardins de la deuxième récolte. Thé raffiné et très parfumé. Pour le matin, sans lait de préférence.

T128 MASTER, TGFOP
Très grand mélange des thés des récoltes de printemps, d'été et d'automne. Riche en arôme, goût équilibré. Thé de la journée.

T129 PRINCETON, TGFOP
Extrêmement fin, mélange subtil des jardins de la première récolte. Thé frais, fin et fleuri. Goût incomparable. Thé de 5 heures.

T130 RAJAH, TGFOP
Mélange de thés de qualité de la deuxième récolte. Donne une tasse de thé franche et de belle couleur. Parfait pour l'après-midi.

● Thé vert de Darjeeling

T141 ARYA
Grande rareté, Darjeeling non fermenté provenant d'un jardin prestigieux. Très grand thé vert, saveur sublime. Thé romantique.

Assam

L'Assam, LA PLUS GRANDE RÉGION productrice de thé au monde, se trouve au nord-est de l'Inde, sur les deux rives du Brahmapoutre.

En 1823, Robert Bruce fut le premier à y découvrir des théiers. Vers 1834, des planteurs britanniques y établirent le premier jardin de thé. Aujourd'hui, on en compte environ 2000...

COOLIES. ASSAM.

Les thés d'Assam se caractérisent par de larges et grandes feuilles souvent dotées de tips, et issues d'une variété de théier: le Camellia Asamica. Ils donnent une liqueur rouge profond, brillante et foncée, un arôme particulièrement prononcé, au goût épicé, puissant et rond, avec beaucoup de corps. Le thé d'Assam supporte très bien un nuage de lait froid.

● Thés noirs d'Assam

First Flush

La récolte des first flush en Assam a lieu entre avril et mi-mai. Ce thé se caractérise par sa fraîcheur, une tasse légère et une liqueur claire. Les meilleurs first flush rappellent les bons Terai et Dooars de la même période.

Les Assam first flush sont peu connus et ne sont que rarement vendus en Europe.

T153   BAMONPOOKRI, TGFOP
    Très grande qualité de la première récolte. Les feuilles sont très régulières, bien travaillées, de couleur brun vert, rappelant celles du Darjeeling first flush. Thé fin et fort pour le petit déjeuner.

T1531   NONAIPARA, TGFOP
    Beau thé du début de la récolte. Les feuilles larges donnent une tasse très parfumée avec un léger soupçon d'épices. Thé de la journée.

Second Flush

La récolte a lieu entre mi-mai et fin juin. Le thé d'Assam second flush se caractérise par ses belles feuilles dorées, une tasse corsée et foncée, souvent au goût malté. Il possède une grande force. C'est la variété préférée des Britanniques.

T150   NUMALIGHUR, FTGFOP1
    Très grand cru, thé de belle provenance, très belle apparence avec

beaucoup de golden tips. Cueilli pendant la meilleure période. Goût malté et épicé. Grand parfum. Thé doré pour la journée.

T151   NAPUK, FTGFOP1
Fameux jardin, ce thé se distingue par son goût équilibré et son grand arôme. Thé du matin par excellence.

T152   RUNGAGORA, FTGFOP
Top tea, thé de haute qualité, très belles feuilles aux pointes dorées. Grande saveur et grande finesse. Thé de la journée.

T154   THOWRA, TGFOP
Cru exceptionnel de la deuxième cueillette, goût rondement épicé, belles feuilles avec beaucoup de golden tips. Pour la matinée.

T155   HARMUTTY, TGFOP
Breuvage franc, ce thé a du corps et de la force. Très aromatique. Thé de la journée.

T156   SILONIBARI, TGFOP
Jardin renommé, grandes feuilles, saveur forte et enveloppée, pour le brunch.

T157   MELENG, FOP
Grandes feuilles, thé riche et puissant, pour la matinée.

T158   TARA, FOP
Longues feuilles, goût soutenu et parfumé. Thé de l'après-midi.

T159   JAMIRAH, GFBOP
Feuilles brisées avec pointes dorées. Malté et fort. Délicieux pour accompagner toasts et marmelade.

T160   BETJAN, GFBOP
Thé corsé, à l'arôme riche, goût malté. Convient pour le petit déjeuner.

T161   MAUD, FBOP
Très corsé, couleur très foncée. Thé du matin de la meilleure récolte.

T162   SANKAR, BOP
Thé riche de la seconde récolte, a du corps et de la force. Excellent pour remplacer le café. Pour se réveiller le matin.

● *Thé vert d'Assam*

T1620   KHONGEA
Bouquet fleuri né d'une récolte inhabituelle. Les jeunes et tendres bourgeons d'une couleur sombre donnent une tasse très claire, dorée, sucrée et savoureuse. Thé de la détente.

Andrah Pradesh

Cet Etat indien plein de mystère se situe entre l'Assam et le Bhoutan à une altitude moyenne de 500 mètres. Les thés d'Andrah Pradesh sont extrêmement rares, car il n'existe qu'une seule plantation de thé dans cette région.

T175   DOONY POLO, FTGFOP1

Un vrai trésor. Grand thé aux belles feuilles fauves, riches en tips. Ce bijou réunit le raffinement du Darjeeling et la force de l'Assam. Infusion d'un rouge brillant, légèrement plus claire que celle de l'Assam et très aromatique.Son parfum persistant enveloppe le palais. Thé rare pour les journées délicates.

Terai

Le Terai se situe au sud de Darjeeling. Les thés Terai sont des thés de plaine.

T171   ORD, TGFOP

Feuilles entières, cueillies dans la meilleure période. Ce thé donne une belle infusion au goût prononcé. Thé pour la matinée.

Dooars

Cette petite province indienne se situe à l'ouest de l'Assam. Les thés Dooars sont des thés de faible altitude.

T181   GOOD HOPE, TGFOP

Grand jardin. Thé à feuilles entières de la première récolte, moins puissant que l'Assam mais aromatique, frais et fleuri, couleur cognac. Thé fin. Se boit pendant la matinée ou l'après-midi.

Travancore

Le Travancore se situe au sud-ouest de l'Inde. C'est une région de plateaux de la même altitude que ceux de Ceylan. Travancore produit des thés intermédiaires entre les thés du nord de l'Inde et ceux de Ceylan.

T191   HIGHGROWN, FBOP

Feuilles brisées, thé cultivé dans la plus grande plantation du sud de l'Inde donnant un goût de terroir très présent. Pour se réveiller le matin.

Nilgiri

Le Nilgiri ou "Montagne bleue" se situe au sud-ouest de l'Inde. C'est une importante région de culture du thé. La meilleure période pour la récolte se situe entre janvier et mars, pendant que la mousson du nord-est irrigue les plateaux et la plaine. Le thé de Nilgiri d'une fine qualité a beaucoup de similitude avec celui des bons Ceylan.

T192   NUNSUCH, TGFOP

Thés à feuilles entières des hauts plateaux de la Montagne bleue, au goût fruité, aromatique, vif et délicat. Se boit toute la journée.

CEYLAN

Les plantations se situent à une altitude de 600 à 2500 mètres, au coeur des massifs montagneux, sous un soleil éclatant et dans un air pur et sain. Ce thé souverain acquiert ainsi son fameux parfum et sa belle couleur dorée.

"L'île du thé"

Ceylan est le troisième producteur et le deuxième exportateur mondial de thé. Les thés de Ceylan sont classés selon l'altitudes des plantations dont ils proviennent :

- *HIGH GROWN :*

thés de haute altitude, entre 1200 et 2500 mètres. Ils sont très recherchés pour leur tasse fine, claire, dorée et parfumée.

- *MIDDLE GROWN :*

thés d'altitude moyenne, entre 600 et 1200 mètres. Ils sont riches, moelleux et d'une belle teinte.

- *LOW GROWN :*

thés de basse altitude, environ 600 mètres. Leur tasse est très foncée et corsée.

On note cependant depuis quelques années une détérioration de la qualité des thés de Ceylan. Leur apparence notamment souffre d'un certain laisser-aller, et il est de plus en plus difficile

de trouver des feuilles de thé propres, régulières, bien travaillées, sans présence de tiges. C'est pourquoi nous portons une attention toute particulière au choix de nos produits et ne présentons que ceux dont nous sommes certains de la qualité.

Six régions principales sont consacrées à la culture du thé :

- *KANDY* - régions basses

- *NUWARA ELIYA* - région la plus élevée du pays

- *DIMBULA* - à l'ouest des massifs montagneux centraux

- *UVA* - à l'est de la région Dimbula

- *RATNAPURA* - à 90 kilomètres à l'est de la capitale Colombo

- *GALLE* - au sud de l'île

Chaque région produit un thé d'un goût tout à fait spécifique qui supporte aisément un nuage de lait froid.

● Thés noirs de Ceylan

Nuwara Eliya

C'est la région la plus élevée du pays. La production s'étend sur toute l'année et donne des thés de très bonne qualité. Le thé de Nuwara Eliya, réputé comme le "champagne" des thés de Ceylan, donne une tasse légère, brillante, au goût délicat très parfumé.

T306   NUWARA ELIYA, OP
"Champagne" de Ceylan, délicat, léger et brillant. Excellent pour l'afternoon tea.

Cueilleuse de thé, Ceylan, 1930.

T3211   MAHA GASTOTTE, BOP
Provenant de l'un des plus beaux jardins de Nuwara Eliya, ce thé libère une liqueur ambrée très claire, une grande fraîcheur, et une saveur développée. Idéal pour le petit déjeuner à la française.

T3181   TOMMAGONG, BOPF
Issu d'un jardin réputé, ce fameux thé se caractérise par son grand parfum délicat, son goût marqué et son infusion dorée. Pour bien se réveiller.

T324   LOVER'S LEAP, PEKOE
Thé romantique donnant une tasse dorée claire, très parfumée, avec un soupçon léger de fleurs sauvages. Parfait pour la matinée.

Dimbula

Cette région se situe à l'ouest des massifs montagneux centraux, à une altitude moyenne de 1250 mètres.

De décembre à mars la mousson du nord-est provoque d'abondantes précipitations sur la côte est, tandis que le climat sec et frais de l'ouest de l'île donne des thés Dimbula de grande qualité, qui se carctérisent par un arôme puissant et une particulière richesse de corps.

T302   PETTIAGALLA, OP1
Qualité exceptionnelle pour ce très grand jardin du district de Balangoda, au sud de Dimbula. Longues et belles feuilles, thé très aromatique, goût remarquablement

fruité. Orange Pekoe de grande
réputation. Pour 5 heures.

T303   KENILWORTH, OP1

Issu d'un jardin très renommé au
nord-est de la région de Dimbula,
récolte de la meilleure saison, ce thé
aux longues et belles feuilles possède
une saveur exquise et un corps subtil.
Thé de l'après-midi.

T307   PETTIAGALLA, OP

Thé du fameux jardin, feuilles
courtes donnant une liqueur soutenue,
goût délicat et doux. Recommandé
pour le brunch.

T313   DIMBULA, BOP

Très grand jardin des hauts
plateaux, très fruité, frais et franc.
Donne une saveur développée. Pour
le matin.

T316   RADELLA, BOP

Très grand jardin de la région
Dimbula. Distingué par sa saveur
typique des hauts plateaux et sa
couleur dorée. Excellent thé pour le
matin.

T320   DIYAGAMA, BOP

Très grand thé à feuilles brisées
de Dimbula. Liqueur soutenue d'une
couleur dorée. Excellent thé du matin.

T321   THERESIA, BOP

Provenance du jardin réputé de
Dimbula, goût moelleux et parfumé.
Idéal pour se réveiller.

T3182   UDA RADELLA, BOPF

Jardin réputé pour ses fannings.
Liqueur ambrée, saveur prononcée au
caractère des "high grown" et au
parfum soutenu. Thé parfait pour le
petit déjeuner.

T322   SOMERSET, PEKOE

Feuilles courtes, très corsé,
aromatique. Pour les amateurs de thé
très fort.

T323   LOINORN, PEKOE

Issu du district des hauts
plateaux de Bogawantalawa, ce thé
possède de la force, du corps et un
grand arôme. Thé corsé pour le matin.

Uva

Cette région se trouve à l'est de
Dimbula. Ses thés jouissent d'une
réputation mondiale. Les meilleures
périodes coïncident avec la mousson.
De juin à septembre, la mousson du
sud-ouest déverse ses pluies sur
l'ouest de l'île et des vents secs
soufflent sur l'est et la région d'Uva.
C'est grâce à ces vents secs que les
thés d'Uva obtiennent leur caractère,
leur fine saveur et leur grand parfum.

T3081   SAINT JAMES, OP

Excellent jardin très réputé.
Infusion cuivrée, très colorée,
parfumée, au goût moelleux et
développé. Fameux thé de la journée.

T3082   BLAIRMOND, OP

Ce jardin du district d'Uda
Pussellawa, au nord de la région

d'Uva, offre de très belles feuilles longues, bien travaillées, très aromatiques et une liqueur ambrée. Grand thé de 5 heures.

T309 DYRAABA, FP
Flowery Pekoe de la région Uva, ce thé délivre une boisson équilibrée, à la fois corsée et parfumée. Thé de la matinée.

T310 UVA HIGHLANDS, FP
Belles feuilles roulées des hauts plateaux, thé ayant du coeur et du corps, fin et parfumé. Thé du matin.

T311 ATTEMPETTIA, FP
Jardin réputé, situé en haute altitude, belles feuilles roulées en boules. Thé fort, fin et franc pour la journée.

T312 SAINT JAMES, BOP
Un must parmi les premiers jardins, thé de grand caractère, très aromatique, puissant et haut en goût. Excellent pour le matin.

T3121 AISLABY, BOP
Très grand thé d'un remarquable jardin. Thé des hauts plateaux, aromatique, puissant et brillant. Il donne une infusion cuivrée et une tasse exquise. Convient au petit déjeuner à la française.

T314 UVA HIGHLANDS, BOP
"Une grande classe" Thé des hauts plateaux, récolte de la meilleure saison. Goût rond, intense et fougueux. Très parfumé. Pour le petit déjeuner.

T3141 ADAWATTE, BOP
Provient de Badulla, district du nord de la région d'Uva. Ce thé au grand parfum, au goût vif et rond se savoure de préférence le matin.

T315 BOMBAGALLA, BOP
Thé de qualité exceptionnelle de la région Uva, présent en bouche et aromatique. Pour le matin.

T319 HIGH FOREST, BOP
Thé à feuilles brisées de la région Uva, donnant une boisson corsée et aromatique. Excellent pour le petit déjeuner à la française.

T317 UVA HIGHLANDS, BOPF
Grand thé d'Uva, feuilles broyées de très grande qualité. Puissant et aromatique, délicieux avec du lait froid. Pour le matin.

T318 DYRAABA, BOPF
Feuilles broyées du fameux jardin. Thé très corsé et parfumé. Pour remplacer le café.

Ratnapura

Le district de Ratnapura se trouve à 90 kilomètres à l'est de la capitale Colombo. C'est une région de basse altitude.

T308 RATNAPURA, OP
Feuilles longues, arôme exquis, fin et doux. Thé de 5 heures.

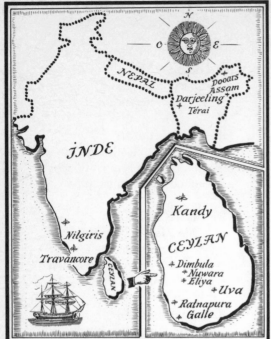

Les plantations de thé en Inde et à Ceylan.

Galle

Ce district du sud de l'île a pour spécialité la production des Flowery Orange Pekoe et Orange Pekoe avec de belles feuilles bien travaillées, bien proportionnées et bien régulières, contrairement à celles qu'on trouve trop souvent dans d'autres régions. On y portera donc un intérêt particulier, d'autant que les amateurs français de thé attachent à l'harmonie et à la beauté des feuilles une importance primordiale caractéristique de l'art français du thé.

T300   BERUBEULA, FOP
Thé rare provenant du sud de l'île, très belles feuilles aux pointes dorées. Parfum superbe. Goût onctueux, couleur dorée. Excellent thé de la journée.

T301   ALLEN VALLEY, FOP
Thé distingué de très belle apparence, saveur douce et fleurie. Grand thé de 5 heures.

T3015   DEVONIA, FOP
Grand cru, provenant de Galle, ce thé présente une très belle apparence. Parfum subtil, goût très fin et couleur dorée. Recommandé pour le high tea.

T304   GALABODA, OP1
Bouquet fleuri provenant du district de Galle. Récolte de la meilleure période. Belles feuilles très régulières, belle teinte, grand parfum, goût riche et moelleux. Parfait "brunch tea".

T305   BERUBEULA, OP1
Provient de Matara, au sud de l'île. Thé aux belles feuilles entières donnant une tonalité ambrée. Goût fin et parfumé. Idéal pour la "pause-thé".

● Thés déthéinés de Ceylan

T340   THÉ DÉTHÉINÉ, OP
Thé à feuilles entières sans théine.

T350   THÉ DÉTHÉINÉ, BOP
Thé à feuilles brisées sans théine.

JAPON

Le thé japonais était à l'origine consommé par les moines pratiquant le Zen et fut longtemps réservé aux aristocrates et aux seigneurs.

ROYAUME de la cérémonie du thé, le Japon est le huitième producteur mondial. Il produit exclusivement du thé vert, "o cha". Les variétés de thé vert sont nombreuses mais les exportations très limitées en raison de la forte consommation nationale. Les grandes régions de culture sont Shizuoka, représentant la moitié de la production totale, puis Miye, Kagoshima, Kyoto, Uji, Nara, Saïtama et Fukuoka.

Le thé vert du Japon est renommé par son arôme délicat et exquis. Tonique et digestif, il est légèrement stimulant et propre à rendre l'esprit lucide.

Les thés verts du Japon sont très riches en vitamine C et contiennent peu de

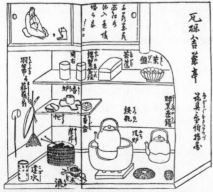

Les objets du thé, Japon.

théine. De façon générale, ils se consomment sans sucre. Parfaits pendant ou après le repas.

● Thés verts en feuilles du Japon

T414   GYOKURO
"Rosée précieuse"
Oeuvre d'art de l'empire du Soleil-Levant. La cueillette du seul bourgeon est faite soigneusement à la main et uniquement une fois par an. Le jardin est couvert avec des rideaux noirs pendant trois semaines avant la cueillette pour obtenir plus de chlorophylle et moins de tanin. Très belles feuilles de couleur émeraude, goût suave et parfum subtil. Le thé vert le plus noble, le plus raffiné et le plus précieux du monde.

T4273   SENCHA UJI
Sencha impérial provenant d'Uji près de Kyoto, la plus ancienne région productrice de thé, et précisément du petit village de Tawaracho. L'un des Sencha les plus estimés. Ses feuilles élégantes et lustrées donnent une liqueur légèrement sucrée enveloppant le palais et un grand parfum subtil. Somprueux thé de la sérénité.

T4274   SENCHA YAME
Bouquet fleuri pour ce sencha très distingué. Issu de la récolte de printemps d'un petit jardin familial de la région de Fukuoka, ce thé vert de qualité exceptionnelle donne une tasse de belle teinte verte et de saveur douce. Thé parfait pour l'après-midi.

T4275 KAWANECHA

Reconnu comme le "Darjeeling du Japon", ce célèbre thé de Shizuoka est cultivé le long de la rivière Oï. Il se distingue par ses feuilles élégantes, son goût équilibré, son arôme intense et subtil. Thé délicieux pour les moments précieux.

T4276 SENCHA SAYAMA

Une grande rareté. Ce fameux thé était la boisson préférée des habitants d'Edo (ancien nom de Tokyo, entre 1600 et 1867). Le vrai Sencha Sayama est très difficile à trouver de nos jours, car sa production est extrêmement limitée. Grand thé savoureux et plein d'arôme pour la détente.

T416 SENCHA HONYAMA

Empereur des Sencha; thé vert de récolte exceptionnelle provenant du grand jardin de Shizuoka. Thé très riche, au grand parfum et au goût exquis. Tonique pour la matinée.

T417 SENCHA MIDORI

Shogun des Sencha; thé vert de première qualité. Très parfumé, saveur délicate. Thé de la détente.

T418 SENCHA ARIAKE

Beau bouquet de l'île Kyushu, goût fleuri et saveur subtile. Thé de la journée.

T419 TAMARYOKUCHA

Délice de printemps, frais et jeune. Thé de tous les instants.

T420 YANAGICHA

Thé vert quotidien, feuilles larges, goût léger, très aromatique. Idéal à boire pendant ou après le repas.

T421 SENCHA

Le terme japonais de "sencha" signifie thé infusé. C'est un thé vert pour les amateurs, aux feuilles larges. Brillant, riche en vitamine C. Goût typiquement japonais. Qualité excellente.

T422 GENMAICHA

Extraordinaire, spécialité du Japon. Mélange de thé vert de haute qualité avec des grains de maïs et de riz soufflés. Goût très original, il est aussi excellent glacé. Etonnez-vous !

T424 FUJI-YAMA

Thé vert pour les connaisseurs, cultivé dans la région du Mont-Fuji, belles feuilles, grand arôme, goût subtil. Qualité exceptionnelle.

T425 HOJICHA

Surprenant, thé vert grillé, feuilles larges au goût agréable. Très faible en théine. Idéal pour accompagner le repas.

T426 KUKICHA

Fameux "thé de trois ans". Relaxant, il ne contient presque pas de théine. Parfumé et léger pour le soir.

T4277 URESHINOCHA

Thé de la nostalgie. Provenant de l'île de Kyushu, il est unique car préparé selon la méthode chinoise : ses feuilles fraîches sont chauffées et non passées à la vapeur comme l'ensemble des thés verts japonais. Il est très recherché par les amateurs et donne une liqueur jaune claire et une saveur longue en bouche. Thé rare pour les moments rares.

Femmes prenant le thé, Siam, 19 ème siècle.

T4283 TENCHA UJI

Originalité pour ce thé à feuilles coupées en petits morceaux normalement destiné à être réduit en poudre pour la fabrication du Matcha. Délicieux à infuser, il donne une tasse extrêmement douce et très légère. Idéal comme ingrédient dans la cuisine au thé.

● *Thés verts en poudre du Japon*

T415 MATCHA UJI
"Mousse de jade liquide"

On réduit en poudre les feuilles du tendre Gyokuro pour obtenir ce thé vert impérial pour la fameuse cérémonie du thé. Une boisson dense et parfumée. Egalement délicieux pour faire du thé glacé ou de la glace.

T423 MATCHA

Mot à mot, poudre de thé. Thé vert en poudre pour célébrer la cérémonie du thé cha no yu. Donne une boisson verte puissante et concentrée.

SIAM

*L*ES PLANTATIONS des fameux thés du Triangle d'or se trouvent au nord du royaume. Elles bénéficient d'un climat idéal. Les variétés de thé siamois sont très proche de celles des thés de la montagne Wu Yi, dans la province chinoise du Fujian. La production est en principe limitée à la consommation nationale.

T461 RAMING

Thé des montagnes du célèbre Triangle d'Or, grandes feuilles. Aromatique, légèrement fleuri. Thé de type Oolong de Chine. Se boit l'après-midi ou le soir.

CORÉE

*C*E PAYS, appellé la Péninsule Montagneuse, produit une très petite quantité de thés qui sont rarement exportés.

T405 IRI

Thé vert de caractère, intermédiaire entre les thés chinois et japonais. Feuilles tendres, belle infusion, goût suave. Thé tonique.

INDONÉSIE

*C*INQUIEME producteur mondial
de thé, sa première plantation
a été établie par les Hollandais en
1824. Les régions principales de
culture du thé se trouvent dans les îles
de Java et de Sumatra.

A Java, pendant les mois de juillet,
août et septembre, grâce au climat
extrêmement sec, les thés produits
sont d'excellente qualité.

Sumatra est situé entre le 2e et le 3e
parallèle au sud de l'équateur. La
production s'étend sur toute l'année
mais les thés des mois les plus secs
sont considérés comme les meilleurs.

T411   TALOON, TGFOP
Grand jardin de Java. Récolte de
la meilleure période, très belles
feuilles entières avec des pointes
dorées, goût aromatique, nuance
douce et mordorée. Thé de 5 heures.

T412   MALABAR, OP
Issu d'un jardin renommé à
l'ouest de Java. Feuilles entières, goût
pur et moyennement puissant. Thé de
l'après-midi.

T413   BAH BUTONG, BOP
Feuilles brisées provenant de
Sumatra. Foncé, fort et légèrement
fleuri. Thé recommandé pour le matin.

BANGLADESH

*T*SSU DE L'ÉCLATEMENT DE L'EMPIRE
DES INDES en 1947, le Pakistan
Oriental, où se trouvent les régions
productrices de thé, est, par suite de la
partition du Pakistan, devenu le
Bangladesh.

La région principale de culture de thé
se trouve à Sylhet, les
autres jardins se regroupant
près de Chittagong. La
cueillette commence début
avril et se poursuit jusqu'à
décembre. Mais la
meilleure récolte est la
deuxième (mai-juin) : les thés sont
colorés et d'arôme ample. Les thés du
Bangladesh sont souvent utilisés
comme base pour les mélanges. Leur
qualité est équivalente à celle des thés
de l'Inde du sud.

T401   CHITTAGONG, GFOP
Thé noir riche en provenance
d'un des pays les plus déshérités du
monde. Feuilles entières, goût
légèrement épicé, aromatique.
Supporte un nuage de lait froid. Thé
de la journée.

« On boit le thé pour oublier le bruit du monde », T'ien Yi-Heng

BHOUTAN

*L*ES THÉS DE CE ROYAUME de la région subhimalayenne, à l'est de Darjeeling, sont rarement exportés, car leur production est extrêmement limitée et souvent réservée à la consommation locale.

T403   PUNAKHA, FOP
Thé rare du royaume du Dragon, petit État himalayen, qui donne une infusion dorée, parfumée. Thé noir de type Darjeeling. Pour l'après-midi.

NÉPAL

*E*NCOURAGÉE par le gouvernement népalais, la culture du thé s'étend sur les pentes de l'Himalaya. On y produit des thés noirs doux et aromatiques. Les quantités concédées à l'exportation sont très limitées en raison de la forte consommation locale.

T431   KANYAM, GFOP
Grande rareté. Thé de qualité de type Darjeeling. Feuilles entières au parfum subtil. Goût de fruits mûrs. Thé pour toute la journée.

MALAISIE

*C*E PAYS bénéficie de conditions climatiques idéales. La culture du thé y fut introduite par les Britaniques en 1914. Les plantations se situent près des Cameron Highlands, au milieu des collines du centre du pays, dans une fraîche altitude. La récolte a lieu toute l'année.

T430   ULU BERNAM, BOP
Thé noir de la péninsule. Feuilles brisées donnant une infusion épaisse, forte et franche. Supporte un nuage de lait. Thé du matin.

SIKKIM

*C*E PETIT ÉTAT INDIEN à l'est de l'Himalaya produit des thés de qualité similaire aux Darjeeling. Mais leur exportation est extrêmement limitée.

T471   TEMI, TGFOP
Thé rare, de haute qualité de type Darjeeling. Très belles feuilles à pointes dorées. Très fleuri et aromatique. Goût de fruits mûrs. Thé de la fête.

« Je ne m'intéresse nullement à l'immortalité, mais seulement au goût du thé »
Lu T'ung, poète du 8 ^{ème} siècle dit « le fou du thé »

Vietnam

*L*ES PREMIERES plantations françaises ont été établies au Vietnam en 1825. Mais en raison des conflits qui ont secoué le pays tout au long du siècle, la culture du thé n'a pu être véritablement développée.

T4911 ANNAM, OP

Petites feuilles de la famille chinoise donnant une liqueur douce, sombre et un goût de terroir. Thé de la journée.

T491 ANNAM, FBOP

Thé des hauts plateaux de l'Indochine, rivalise avec le thé de Chine. Légèrement corsé, couleur foncée. Thé du petit déjeuner.

T4912 ANNAM, PEKOE

Thé fermenté de la meilleure récolte. Tasse corsée et foncée. Goût légèrement épicé. Pour la matinée.

Russie

*M*EME s'il n'y pousse pas, la Russie, pays du samovar, est un très grand consommateur du fameux "thé russe" d'où cette appellation par tradition. Introduit en 1893, ce thé qui représente la septième production mondiale est cultivé mécaniquement en Géorgie sur les côtes de la mer Noire, au nord du Caucase, et dans l'Azerbaïdjan près de la mer Caspienne.

Souvent les consommateurs français confondent "thé russe" avec "goût russe"; ce dernier est un mélange de différents thés aux arômes d'agrumes; ils ne provient pas de Russie.

T451 GÉORGIE, OP

Vrai thé russe de Géorgie, feuilles fines, très doux, goût particulier, couleur foncée. Thé du soir.

T452 GÉORGIE, BOP

Thé russe à feuilles cassées, légèrement corsé, agréable goût fleuri. Thé de la matinée.

Emballages de thé, Russie, 1920.

Autour du Samovar, Caucase, 1887.

TURQUIE

*S*IXIEME producteur mondial. Les plantations sont regroupées dans la région de Rizé, au bord de la mer Noire, à l'est de l'Anatolie, et ce depuis 1938. La Turquie produit uniquement des thés noirs dont la quantité exportée est cependant très réduite en raison de la très forte consommation locale. Le samovar, comme en Géorgie, y est utilisé par tradition.

PERSE

*L*ES PLANTATIONS se concentrent au nord du pays, entre le massif de l'Elbourz et la mer Caspienne. Le thé introduit en 1900 y est produit par de petits propriétaires.

T441   ELBOURZ, OP

Thé de grande qualité provenant du sud de la région du Caucase. Léger et doux. Thé de l'après-midi.

T481   RIZÉ, OP

Thé ottoman de grande qualité, de la région de la mer Noire, feuilles fines, légèrement sucré et doux. Thé du soir entre amis.

T482   RIZÉ, BOP

Thé du nord de la Turquie, feuilles brisées, corsé. Le même caractère que le thé de Russie. Thé du matin. Idéal pour préparer le thé avec le samovar.

La première tasse humecte ma gorge et mes lèvres
La deuxième tasse chasse ma solitude et mon ennui
La troisième tasse inonde mes entrailles déssèchées à force de n'avoir eu pour
pitance que des milliers d'écrits
A la quatrième tasse une légère moiteur envahit mon être dissipant par mes pores
les contrariétés et afflictions de toute une vie
La cinquième tasse me purifie absolument
A la sixième tasse je me sens transporté vers le royaume des immortels
Et à la septième je n'en puis boire davantage
Une brise fraîche et légère me caresse le corps
Immense sérénité

Lu T'ung
Poète de la dynastie Tang.

Amérique latine

ARGENTINE

CE PAYS est nouvellement producteur de thé. Quatre-vingt-quinze pour cent du thé poussent dans la province de Misiones, le reste dans la zone frontalière entre celle-ci et la province de Corrientes, au nord-ouest du pays. La meilleure qualité est produite durant la deuxième quinzaine d'octobre et en novembre. Les feuilles ont une belle couleur foncée.

T501   MISIONES, BOP

Thé noir à feuilles brisées, moyennement corsé. Goût équilibré. Thé du matin.

Arrivée du thé, Docks de Londres, 1850

BRÉSIL

LE BRÉSIL est le second producteur de thé d'Amérique Latine. Le thé est cultivé dans le sud-est de l'Etat de Sao Paulo, au sud du tropique du Capricorne. Sa caractéristique principale est son infusion claire et brillante. Les meilleures récoltes sont produites entre novembre et mars.

T511   SAO PAULO, BOP

Thé noir à feuilles brisées, très cordial, donne une tonalité soutenue. Thé pour le petit déjeuner.

ÉQUATEUR

LA CULTURE récente date de 1968. Une grande partie de la production est destinée aux Etats-Unis.

T530   APROANDES, BOP

Ces thés noirs aux feuilles brisées très aromatiques donnent une tasse ambrée et une saveur de terroir. Thé pour se réveiller.

Afrique

Planteurs Anglais vers 1900.

CAMEROUN

*L*A PREMIERE PLANTATION a été créée dès 1928 sous protectorat allemand. Depuis lors, la production du thé se développe régulièrement. Le Cameroun est l'un des leaders dans la confection des thés de qualité en Afrique. Les trois régions productrices sont Tole, Ndu et Djutitsa, à l'ouest du pays. Le sol rouge latéritique et volcanique de ces régions équatoriales donne au thé sa saveur ronde et chaude si particulière. Les meilleures qualités sont produites à la fin de la saison sèche, fin mars début avril.

T600   MONT CAMEROUN, BOPF

Excellent cru provenant du volcan Mont Cameroun (4070 mètres) appelé le "Char des Dieux" par les navigateurs Carthaginois. Cultivé à l'altitude de 1100 mètres au-dessus du niveau de la mer, thé noir à feuilles broyées, goût malté, très aromatique et très coloré. Supporte un nuage de lait. Très apprécié de la cour royale d'Angleterre.

KENYA

*P*REMIER producteur africain, le Kenya est réputé pour l'homogénéité de la qualité de ses thés qui se maintient tout au long de l'année. Les meilleures cueillettes sont réalisées au début de la saison sèche qui se situe fin janvier et début février ou au mois de juillet.

T601 MARINYN, GFOP
Très grand jardin, le meilleur et le plus fin des thés noirs du Kenya. Belles feuilles à pointes dorées. Rafraîchissant et de grande qualité. Thé de la journée.

T602 HIGHGROWN, PEKOE
Thé noir des hauts plateaux du Kenya. Goût équilibré et fruité. Boisson corsée pour le matin. Supporte un nuage de lait.

ILE MAURICE

*V*INGT-DEUXIEME producteur mondial de thé. Le fameux breuvage de l'ancienne Ile de France y fut introduit par Pierre Poivre en 1770.

T606 GRAND BOIS CHÉRI, BOP
Feuilles brisées au goût particulièrement vanillé pour la matinée. Thé fermenté fort et fin.

MOZAMBIQUE

*V*INGT-SIXIEME producteur mondial de thé.

T611 GURUE, BOP
Thé noir agréablement corsé. Goût légèrement épicé. Thé du matin.

MALAWI

*C*E PAYS est le 2e producteur de thé africain après le Kenya. La production s'étend sur 12 mois et la meilleure qualité est obtenue entre mai et septembre. Ce thé est de type Ceylan.

T641 NAMINGOMBA, BOP
Goût britannique, très apprécié en Grande-Bretagne. Ce thé noir donne une infusion de belle couleur et brillante. Thé corsé pour le petit déjeuner. Supporte du lait.

OUGANDA

*V*INGT ET UNIEME producteur mondial. Le thé est principalement cultivé dans de grandes plantations sur les hauteurs qui entourent le Lac Victoria.

T651 MITYANA, BOP
Thé noir fort et franc au goût épicé. Idéal pour remplacer le café. Supporte un nuage de lait.

RWANDA

*C*E PAYS est le dix-huitième producteur mondial de thé.

T661 KITABI, BOP
Thé fermenté à feuilles brisées, aromatique. Pour se réveiller le matin. Avec ou sans lait.

TANZANIE

QUINZIEME producteur mondial de thé.

T671 ITONA, BOP
Thé noir des hauts plateaux, fruité et corsé. Caractéristique des thés de Ceylan. Supporte un nuage de lait. Convient bien pour le petit déjeuner à la française.

ZIMBABWE

SEIZIEME producteur mondial de thé.

T681 SOUTHBOWN, FANNINGS
Thé fort des Britanniques. Feuilles broyées pour les amateurs de thé noir très corsé. Supporte du lait.

AFRIQUE DU SUD

● Thé rouge ou Rooitea

CE "THÉ" SPÉCIAL ne provient pas du théier "Camellia Sinensis" mais d'un arbuste nommé en latin : Aspalathus Linoaris, Aspalathus Contaminatos ou Borbonia Pinifolia, cultivé à une altitude de 450 mètres. La récolte a lieu vers février-mars.

Ce thé absolument sans théine contient très peu de tanin, c'est pourquoi il ne possède pas d'effets stimulants. Il est très riche en vitamine C, en sels minéraux et en protéines. Il peut se boire glacé ou chaud, du matin au soir, avec ou sans lait. Idéal pour les enfants.

T621 THÉ ROUGE
Très apprécié en Afrique du Sud, ce thé rouge dispense une saveur très douce et aromatique. 100% sans théine. Thé convivial.

T631 CAPETOWN
Délicieux thé rouge parfumé à l'arôme de bergamote. Goût aussi délicat et élégant que le Earl Grey. 100% sans théine. Thé de 5 heures par excellence.

T632 RICHMOND
Etonnant thé rouge parfumé aux arômes de cannelle-orange. Grande saveur et délicatesse. 100% sans théine. Thé convivial.

T633 BOURBON
Grande finesse, thé rouge parfumé à l'arôme de vanille bourbon. Parfum délicat et goût subtil. 100% sans théine. Thé pour les moments agréables.

Gelée Extra de Thé BOURBON

T634 BLOEMFONTEIN
Goût russe, 100% sans théine, thé rouge parfumé aux divers agrumes. Divin thé pour tous les instants.

T635 KIMBERLEY
Exotique. Thé rouge parfumé aux variétés de fleurs et de fruits lointains. 100% sans théine. Beau thé.

Océanie

AUSTRALIE

*L*A CULTURE DU THÉ fut introduite en 1884 à Bingil Bay par les quatre frères Cutten alors à la tête d'un empire agricole de 3000 acres. Ce pays est aujourd'hui le trentième producteur mondial. Les plantations sont regroupées dans l'Etat du Queensland.

T690   NERADA, BOP
   Thé rare provenant des contreforts du majestueux Mont Bartle Frere (alt. 1622 m) au nord de l'Etat du Queensland. Cultivé sur un sol rouge volcanique, ce thé noir donne une tasse claire, colorée, aromatique et corsée. Supporte un nuage de lait. Thé du petit déjeuner.

PAPOUASIE NOUVELLE GUINÉE

*V*INGTIEME producteur mondial de thé

T695   KINDENG, FANNINGS
   Thé noir aux feuilles broyées donnant une liqueur très sombre, corsée et aromatique. Thé pour le matin.

« Celui qui n'a plus rien a encore tout au moins le thé »

Proverbe Chinois

— 78 —

LA GRANDE TRADITION

Plus de 137 ans d'expérience du thé ont autorisé MARIAGE FRERES à proposer à sa clientèle de vrais connaisseurs les plus subtils, les plus délicats mélanges, baptisés d'une appellation spécifique et exclusive.

La notion de MÉLANGE MARIAGE FRERES est significative d'une alliance des meilleurs crus parmi les plus grands jardins afin que cette harmonie soit du goût recherché par les plus fins palais. A vous d'apprécier cette précieuse alchimie, fruit de plus d'un siècle d'amour.

● *Mélanges classiques pour la matinée*

T700 BREAKFAST EARL GREY
Somptueux, ce noble mélange entre le thé corsé de Ceylan et le grand parfum subtil de bergamote donne une boisson idéale pour le matin, à la fois la force et la finesse.

T701 MORNING TEA
Brillant mélange des meilleurs jardins des Broken Orange Pekoe de Ceylan et des Indes. Goût corsé, arôme franc. Supporte un nuage de lait froid.

T702 ENGLISH BREAKFAST TEA
Très british, aromatique, coloré et corsé. Servir chaud avec du lait et accompagné de toasts à la marmelade. Pour connaisseurs.

T7023 DE LONDRES
Beau thé, grand mariage de fameux thés de Chine, du Cameroun et d'Inde, lui donnant une force et une note raffinée. Supporte un nuage de lait froid.

T703 SULTANE
Traditionnel, notre "breakfast tea" est un mélange subtil des meilleurs thés de Ceylan. Goût corsé, légèrement chocolaté. Convient le mieux au petit déjeuner à la française. Avec ou sans lait.

T704 KAISER
Stimulant. Une recette ancienne d'une région du nord de l'Allemagne. Boisson corsée et délicate à la fois. Avec ou sans lait.

T705 EMPEREUR CHEN NUNG

Majestueux, ce mélange porte le nom de l'empereur de Chine qui a découvert le thé en 2737 avant J. C. Est légèrement fumé. Goût très fin, arôme subtil. Accompagne à merveille les petits déjeuners copieux et salés. Sans lait.

T706 DUKE OF WELLINGTON

Puissant, mélange entre les trois prestigieux BOP de Ceylan, d'Inde et le thé vert de Chine. Thé fort et franc pour remplacer avantageusement le café.

T7063 GOUVERNEUR

Vigoureux, mélange original des thés de qualité du Yunnan et d'Assam. Goût riche, rond et moelleux. Une nuance dorée. Supporte un nuage de lait froid.

T7064 LE CONSUL

Superbe composition de grands thés des hauts plateaux de Chine, d'Inde et d'Indonésie. Ce thé allie la finesse à la puissance. Fastueux mélange.

T7065 WASHINGTON

Grand mélange très étudié de Flowery Orange Pekoe des Indes et de Ceylan. Très riche et subtil. Idéal pour le brunch. Supporte du lait.

T7067 PONDICHÉRY

Nostalgie du fameux comptoir des Indes, mélange subtil des divers thés indiens aux feuilles entières. Goût rond et onctueux. Avec ou sans lait.

T707 WEDDING

Équilibré, composition des meilleurs Ceylan. Goût agréable, ni trop corsé ni trop doux. Peut se boire avec du lait.

T708 BRASILIA

Énergétique, association réussie du thé des hauts plateaux et du maté du Brésil. Thé très fort et très riche en théine. Pour réveiller et stimuler. De préférence sans lait. Pour le petit déjeuner.

T7083 PARAMARIBO

Mélange colonial des thés d'Afrique de différents caractères. Thé corsé au goût vanillé. Avec ou sans lait.

T7085 GUERRIERS

La force; composition de thés à feuilles broyées des hauts plateaux d'Asie et des plaines d'Afrique, donnant une boisson très foncée, corsée et aromatique. Pour se réveiller.

T709 MAJESTY

Fascinant; mélange anglais de thés de Ceylan et de Chine au goût légèrement fumé. Parfait pour le petit déjeuner à l'anglaise.

T7093 MAISON DE THÉ

En Chine Impériale, la "maison

de thé" était un microcosme de la société où du thé, des gâteaux et des petites bouchées cuites à la vapeur étaient servis. Ce mélange de thés de Chine et de Formose convient très bien pour accompagner les repas salés ou sucrés.

T7095   ROI DU SIAM
Suprême, association somptueuse des cinq rois des thés de Chine, de Formose et d'Inde. Mélange très raffiné pour la matinée. Sans lait.

T7097   SUCCESSEUR
Mélange de grand caractère. Thé fin, fort et étonnant. Sans lait.

T7099   LU YU
Divin mélange, portant le nom du premier "apôtre du thé" du VIIIe siècle, associe thé très fumé et thé corsé à la bergamote. Thé fort et parfumé. Sans lait.

● *Mélanges classiques pour la journée*

T710   AFTERNOON TEA
Thé de l'après-midi, mélange des thés de Ceylan et d'Inde, légèrement corsé, aromatique. Parfait pour l'après-midi.

T711   LUNCH TEA
Séduisant mélange des thés à grandes feuilles de Ceylan et d'Inde. Saveur suave et aromatique. Recommandé pour le déjeuner.

T712   FIVE O'CLOCK TEA
Délicieux mélange des meilleurs thés des hauts plateaux de Ceylan. Thé délicat et recherché.

T7123   FILS DE FRANCE
Gracieux mélange portant le nom du fameux navire qui transportait les thés de l'Empire Chinois pour Mariage Frères en 1827. Il se compose de grands thés des hauts plateaux d'Inde et de Chine secrètement parfumés. La noblesse du thé.

T7124   GRANDS AUGUSTINS
Somptueux mélange créé le 6 décembre 1990 pour célébrer l'inauguration de Mariage Frères Rive gauche. Il évoque les senteurs des grandes épices et la nostalgie de la Compagnie des Indes Orientales au XVIIe siècle. Sublime invitation au voyage.

T7125   ROI SOLEIL
Sérénissime mélange pour rendre hommage au roi Louis XIV, qui serait, rapporte-t-on, l'une des premières personnalités françaises à avoir goûté le thé. Il associe la puissance des thés dorés de Yunnan avec la note fleurie d'un fameux thé de

Chine subtilement fumé et agrémenté de pointes de thé vert. Divin.

T713   IMPÉRATRICE
Subtil mélange des thés de Chine et d'Inde, délicatement parfumé. Thé doux de saveur très agréable.

T7133   HAUTE MER
Mélange symphonique de thés lointains. Thé raffiné et saveur développée. Pour faire rêver.

T714   MAHARAJAH
Harmonieux mélange des grands thés d'Inde, rond en palais.

T7143   GENTLEMAN
Belle composition de beaux Flowery Orange Pekoe d'Inde, de Chine et de Ceylan. Thé masculin. Avec ou sans lait.

T715   SOUVERAINE
Velouté, une belle alliance entre le Ceylan et le Chine, légèrement parsemé de fleurs de jasmin. Léger et parfumé.

T7153   TEA PARTY
Thé de fête, subtil mélange de thés de Chine et de Formose. Délicatement parfumé. Sans lait.

T716   GRAND MANDCHOU
Mystérieuse, cette recette traditionnelle se compose des meilleurs thés de différentes régions de Chine, délicatement fumés et agrémentés de pointes blanches. Grande finesse.

T717   AMBASSADEUR
Onctueux, grande union des meilleurs thés de Russie et de Chine. Goût légèrement sucré. Très doux.

T718   AMATEUR
Passionnant, beau mariage de thé noir et de thé vert, légèrement agrémenté de fleurs de jasmin. Délicatement fumé. Très recherché par les connaisseurs.

T719   SMOKY EARL GREY
Étonnant, le curieux mélange entre le thé de Chine fumé et le thé parfumé à la bergamote. Parfum très prononcé.

T720   KINGSTON
Raffiné, ce mélange anglais est composé de thés doux de Chine, d'Inde et de Ceylan agrémentés de pointes blanches. Un arôme très riche. Mélange de grande classe.

T721   "1854"
Somptueux, grand mariage de très beaux thés de Chine et d'Inde. Délicatement parfumé et parsemé de fleurs de jasmin et de pointes blanches. Goût subtil. Suprême hommage à l'année de la fondation de MARIAGE FRERES.

T722   CHA KING
Ésotérique, ce mélange très étudié de trois catégories de thés de Chine porte le nom du célèbre "Code du thé" écrit par le grand poète chinois Lu Yu de la dynastie Tang. Grande saveur.

T723 PRINCE BHODI-DHARMA
Divin, un merveilleux mariage des grands rois que sont le Grand Darjeeling et le Grand Yunnan. Parfum subtil, goût exquis très apprécié.

T724 MIKADO
Enchanteur, ce mélange traditionnel de la cour impériale est composé des meilleurs thés de Chine continentale et de Chine insulaire. Très haut en parfum, goût et saveur très agréables.

T725 GENGIS KHAN
Revigorant. Selon la légende chinoise, Gengis Khan faisait boire du thé à ses guerriers pour leur donner courage et efficacité dans la bataille. Ce mélange est légèrement fumé et agrémenté de fleurs de jasmin et de pointes blanches. "Une main de fer dans un thé de velours."

T7253 ZODIAC
Belle composition de thés d'Inde et de Chine, agréablement fumée et parfumée. Suave et subtil.

● Mélanges classiques pour la soirée

T726 EVENING TEA
Relaxant, ce mélange est composé de thés de belles feuilles provenant de Chine, d'Inde et de Ceylan. Goût rond et doux. Pour le soir.

T727 RAJINI
Délicat, ce thé de la Reine, comme son nom l'indique en sanskrit, est un mélange de thés de belles qualités de Chine et d'Inde, délicatement parsemé de pétales de roses. Thé doux à l'arôme et au goût subtils.

T728 TZAR ALEXANDRE
Exquis, notre goût russe aux pointes blanches est renommé. Grande finesse, légèrement fumé et parfumé. Ce chef-d'oeuvre de la maison MARIAGE porte le nom de l'empereur russe qui a fait connaître le thé à la russe aux Parisiens en 1814.

T729 YANG-TSÉ-KIANG
Décontractant, le fameux mélange apprécié des habitants de la vallée du Yang-Tsé Kiang. Délicat et parfumé.

T730 CHA DO
Quiétude, ce mélange "voie du thé" est composé des grands thés d'Inde et de Formose. Beau caractère. Goût et parfum délicieux.

T731 FONDATEUR
Serein, un parfait mélange des grands thés de Chine. Saveur très fruitée et goût recherché. Un must.

T732   GRANDE CARAVANE

Reposant, mélange des meilleurs thés de différentes régions de Chine. Thé faible en théine. Léger et savoureux.

T733   SIVARA

Faible en théine, mélange exclusif spécialement étudié. Dispense un goût onctueux et aromatique. Très raffiné.

T734   TA-CHA

Très faible en théine, mélange particulièrement recherché pour les amateurs de thés faibles en théine. Très léger, pour le soir.

T735   GRAND SIECLE

Symphonie du soir, belle composition de grand thés de Formose et de thés traditionnels de Chine. Divin.

T736   COMETE

Douceur du soir, harmonieuse association de thés de Chine et de Formose, faible en théine, délicatement parfumé.

T737   DARLINGTON

Romantique, ce mélange est composé de thés doux d'Inde, de Formose et du Japon. Thé des amoureux.

T738   CONFUCIUS

Mélange immortel constitué par les grands classiques de Chine et de Formose. Thé de grand caractère.

T739   NARCISSE

Exclusif, l'alliance de beaux thés de Chine. Raffiné et léger.

T740   NOSTALGIE

Composition nostalgique de thés fins des contrées lointaines. Très faible en théine.

T741   RENAISSANCE

L'éloge du thé. Ce mélange poétique associe les thés doux et subtils de Chine, de Formose et du Japon pour offrir une tasse harmonieuse, suave, légèrement sucrée et parfumée. Thé de la détente.

LES THÉS PARFUMÉS

Depuis l'aube des temps, les Chinois, pères de la civilisation humaniste, poètes du plaisir de vivre, ont appris et nous ont appris à puiser dans la nature les sources de joie. Le thé, merveilleux messager de leurs coutumes ancestrales, s'accorde aux plus subtils parfums sans que le mariage ne nuise aux uns et aux autres. Le plus bel exemple de cette alliance demeure sans conteste le thé à la bergamote baptisé Earl Grey.

LES GRANDS CLASSIQUES

● *Earl Grey : thés parfumés à la bergamote*

T8001   ROI DES EARL GREY
Magnifique Earl Grey, une première mondiale pour ce thé noir des hauts plateaux de la province Chinoise du Yunnan, subtilement parfumé à la célèbre bergamote de Mariage Frères. Thé divin.

T8002   EARL GREY IMPÉRIAL
Grand thé. Darjeeling au parfum exquis de bergamote.

T8004   GRAND EARL GREY
Thé de qualité de Ceylan au grand parfum de bergamote, avec pointes blanches.

T8006   EARL GREY OOLONG
Thé Dragon noir de Formose au parfum délicat de bergamote.

T8007   EARL GREY VERT
Thé vert de Chine au parfum subtil de bergamote.

T8008   EARL GREY DÉTHÉINÉ
Thé déthéiné de Ceylan au fin parfum de bergamote.

T700   BREAKFAST EARL GREY
Thé corsé de Ceylan au grand parfum de bergamote.

T817   EARL GREY HIGHLAND
Thé des hauts plateaux au parfum sublime de bergamote.

Gelée Extra de Thé
EARL GREY IMPÉRIAL

MF

1854

T8175 ENGLISH EARL GREY

Thés de Chine et de Darjeeling au parfum de bergamote.

T8183 EARL GREY SILVER TIPS

Thé de Chine au parfum divin de bergamote parsemé de pointes blanches.

T8185 EARL GREY

Thé de Chine au parfum exquis de bergamote.

T719 SMOKY EARL GREY

Earl Grey au goût fumé.

● *Thés parfumés au jasmin*

T8300 JASMIN IMPÉRIAL

"Le roi des thés au jasmin." Thé vert très rare. Association merveilleuse de la douce saveur de ce thé et du plus raffiné des jasmins.

T8301 JASMIN CHUNG FENG

"Champagne des thés au jasmin." Récolte exceptionnelle. Parfum exquis.

T8303 JASMIN MONKEY KING

Fameux thé vert au jasmin. Parfum fabuleux.

T8305 JASMIN HEUNG PIN

Grande renommée, thé vert au parfum divin de jasmin.

T8307 JASMIN GUANG XI

Provenance de Guang Xi, thé vert au subtil parfum de jasmin.

T8309 JASMIN HUBEI

Issu d'Hubei, thé vert au grand parfum de jasmin.

T8311 JASMIN POUCHONG

Thé Pouchong aux fleurs de jasmin.

T8313 JASMIN MANDARIN OOLONG

Thé semi-fermenté aux fleurs de jasmin.

T8315 JASMIN

Thé semi-fermenté aux fleurs de jasmin.

● *Les thés parfumés traditionnels*

T812 CHRYSANTHEME

T821 FLEURS D'ORANGER OOLONG

T835 LICHEE

T836 LOTUS ROYAL

T837 MAGNOLIA *(thé vert)*

T856 ORCHIDÉE

T867 ROSE

T870 THÉ VERT À LA MENTHE

LES FANTAISIES

*U*N FLORILEGE VASTE ET *RICHE* nous est parvenu des confins de l'Asie, puisant dans les arômes subtils des fruits, fleurs, plantes et racines cette poésie de Mère Nature.

Que ce bouquet trouve en votre délicat palais le plus beau des écrins

T801	ABRICOT	T846	MIEL
T802	AMANDE	T847	MIRABELLE
T803	ANANAS	T848	MOKA
T804	ANIS	T849	MURE SAUVAGE
T805	BAIES SAUVAGES	T850	MYRTILLE
T806	BANANE	T851	NARANQUILLA
T807	CANNELLE	T852	NOIX
T808	CARAMEL	T853	NOIX DE COCO
T809	CARDAMOME	T854	ORANGE
T810	CASSIS	T855	ORANGE AMERE
T811	CERISE	T857	PAMPLEMOUSSE
T813	CHOCOLAT	T858	PAPAYE
T814	CITRON	T859	PECHE
T815	CITRON VERT	T860	PEPPERMINT (thé vert)
T816	COING	T861	PISTACHE
T820	ÉPICES	T862	POIRE
T822	FRAISE	T863	POMME
T823	FRAMBOISE	T864	RHUBARBE
T824	FRUIT DE LA PASSION	T865	RAISIN
T825	GINGEMBRE	T866	RHUM
T826	GINSENG	T868	SAKURA
T827	GROSEILLE		*(thé vert parfumé aux fleurs de cerisier du Japon)*
T828	GOYAVE		
T833	KALAMANSI	T869	SAKURA IMPÉRIAL
T834	KIWI		*(thé vert sencha de haute qualité au grand parfum de fleurs de cerisier du Japon)*
T838	MELON		
T839	MANDARINE		
T840	MANGUE	T871	VANILLE
T841	MANGUE AMAZONE	T872	VIOLETTE
T842	MARACUJA	T873	YLANG-YLANG
T843	MARASCHKA		

LES MÉLANGES PARFUMÉS

*L*E THÉ A SON PARFUM ; le fruit, la fleur ont leurs parfums. Rien ne les oppose. Tout les prédispose lorsqu'un maître en thé, un artiste de MARIAGE FRERES, assemble selon son inspiration ces subtils éléments.

T901 APOLLON
Les arômes de fruits et les pétales de fleurs donnent à ce mélange un parfum subtil et délicat.

T902 ARCHIPEL
Mélange de variétés de fleurs de l'archipel du Japon. Très rafraîchissant, parfum très fleuri.

T903 AIDA
Composition des divers agrumes de la Méditerranée. Très parfumé et équilibré.

T904 BOLÉRO
Thé rafraîchissant, fruité aux arômes de fruits de la Méditerranée. Saveur veloutée.

T905 BUTTERSCOTCH
Thé noir de Ceylan parfumé aux arômes de chocolat et de caramel. Etonnant et délicieux.

T906 CANNELLE-ORANGE
Thé de Chine et de Ceylan, parfumé aux essences sélectionnées de cannelle et d'orange. Chaud ou glacé. Très tonique.

T907 CARAIBES
Thé d'Inde et de Ceylan, subtilement parfumé aux arômes de fruits et de fleurs des Caraïbes. Dépaysant.

T908 CASABLANCA
Grand mariage de thé vert à la menthe marocaine et de thé parfumé à la bergamote. Surprenant et rafraîchissant. Il "vaut le voyage".

T909 CHOCO MENTHE
Thé parfumé au chocolat et à la menthe, très british.

T910 ÉQUATEUR
Mélange de thé noir de Chine et de thé vert du Japon, parfumé aux arômes de fruits et de fleurs des régions équatoriales. Très fruité et fleuri.

T911 ÉROS
Mélange parfumé avec des fleurs d'hibiscus et parsemé de fleurs de mauve. Thé des amoureux.

MARIAGE FRÈRES

Gelée Extra de Thé

ÉROS

T912 EXOTIQUE
Thé de Ceylan parfumé aux fruits exotiques, agrémenté de fleurs de magnolia et de pétales de rose. Très agréable.

T913 FRUITS NOIRS
Thés noirs de Chine et de Ceylan parfumés aux arômes de cassis, mûre sauvage et myrtille. Délicieux.

T914 FRUITS ROUGES
Mélange parfumé de fraise, framboise, groseille et cerise.

T915 JAMAIQUE
Thé d'Inde parfumé aux essences sélectionnées de vanille et de rhum de la Jamaïque. Exquis.

T916 KABUKI
Composition de fruits sauvages de l'Extrême-Orient. Très raffiné.

T917 MANDALAY
Thé noir de Ceylan parfumé aux essences d'épices rares de Birmanie. Un vrai bonheur, une saveur incomparable.

T918 MARCO POLO
La variété de fleurs et de fruits de Chine et du Tibet lui confère un arôme spécial.
Un bouquet très étudié. Le must.

T919 MAYFLOWER
Thé noir de Chine parfumé aux arômes de fleurs poussant sur la Côte Pacifique des Etats-Unis. Agréablement surprenant.

T920 NARINDA
Diverses essences de fruits apportent un arôme délicat à ce mélange de thés d'Inde et de Ceylan. Très raffiné.

T921 NOEL
Thé de la fête, mélange spécialement créé pour cette occasion, il est parfumé aux épices douces de Noël, et agrémenté d'écorces d'orange et de morceaux de vanille bourbon.

T922 ORIENTAL
Mélange oriental du parfum du jasmin et de la mandarine. Merveilleux.

T923 PARSIFAL
Mélange de grands arômes de vanille parsemé de fleurs de lavande.

T924 PHÉNIX
Composition délicate au subtil parfum de vanille bourbon, de caramel et de miel.

T925 PODRÉA
Thé noir de Chine parfumé aux arômes de vanille bourbon, de jasmin, de mandarine, de rose et de bergamote. Très fin.

T926 RIVIERA
Délicieux mélange de fruits de la Méditerranée.

T927 RUSCHKA
Thé secret délicatement parfumé aux essences de fruits et de fleurs, agrémenté de pointes blanches. Saveur attrayante.

T928 SÉRÉNADE
Mélange royal aux fleurs. Très fleuri et sucré.

T929 SALADE DE FRUITS
Mélange des différentes essences naturelles de fruits. Très fruité.

T930 SAMOURAI
Grand arôme de bergamote associé à d'autres essences rares. Parfum très enveloppé. Splendeur du palais.

T931 TROIS NOIX
Composition des parfums de trois noix. Délicieux.

T932 TROPICAL
Elite des thés parfumés, grand arôme de fruits tropicaux. Très fruité. Un grand succès mérité.

T933 VIVALDI
Très caractéristique, aux diverses essences de fruits sélectionnés, harmonie de goûts et de parfums.

T934 VÉRANDA
Mélange colonial, composition de divers arômes de pays lointains. Très parfumé.

T935 YIN YANG
Belle alliance d'agrumes exotiques. Saveur exquise et équilibrée.

T936 MIRABEAU
Thé vert parfumé aux arômes de réglisse et de mauve. Bouquet fleuri.

T937 VALENTIN
Thé romantique. Mariage de grands parfums de bergamote et de mauve. Une saveur exquise.

T938 PHARAON
Somptueux mariage de thé vert de l'Inde parfumé aux fruits du delta du Nil. Thé civilisé !

Gelée Extra de Thé PHARAON

T939 ARTÉMIS
Beaux thés de Chine et de Ceylan portant le parfum fin des fruits lointains. Thé mythique.

T940 PRINCE IGOR
Richesse du mélange du thé vert du Japon et du thé noir de Ceylan parfumés aux fruits et aux agrumes rares. Thé charismatique.

T9401 BALTHAZAR
Mélange original de thé vert grillé du Japon et de thé noir de Ceylan parfumé aux fruits exotiques. Thé de la gloire !

T9402 TRINIDAD
Mélange secret de thé vert du Japon et de thé noir de Chine parfumé aux fleurs, fruits et agrumes des îles. Thé envoûtant et ensoleillé.

T9403 MONTAGNE D'OR
Mariage réussi de thés parfumés traditionnels de Chine et de fruits des montagnes du Triangle d'or. Thé précieux.

T8201 CHANDERNAGOR
En hommage à ce fameux Comptoir Français des Indes, mélange réussi d'épices impériales : clou de girofle, cannelle, gingembre, cardamome et poivre. Chaud au palais.

MARIAGE FRÈRES : LE MUSÉE DU THÉ

*E*n 1854, les frères Mariage se concertent et décident de créer leur maison de thé. Pour ce faire, ils cinglent les mers, sillonnent les océans, arpentent les continents, et gardent de leurs voyages une précieuse collection d'archives et d'antiquités concernant le thé. Un choix de documents et de pièces anciennes jalousement conservés sont aujourd'hui, avec ceux découverts depuis aux quatre coins du monde, offerts à l'intérêt et à l'admiration de tous.

Le Musée du Thé que MARIAGE FRERES a inauguré lors de son 137e anniversaire se situe au premier étage de son magasin parisien de la rue du Bourg-Tibourg.

C'est toute l'histoire du thé qui est évoquée par des objets inédits de la fin du XVIIe siècle à nos jours. Voisinent dans les vitrines des caisses à thé de commerce en chêne, hêtre laqué ou sapin où les décors oniriques (oiseaux de paradis, paysages de montagne, fleurs...) invitent au voyage et des boîtes à "secrets", provenant d'herboristeries ou de boutiques, en tôle aux décors de personnages chinois peints à la main ou d'inscriptions de thé. Des coffrets à thé, signe de luxe et de raffinement, réalisés en laque, palissandre, bois de rose ou macassar, dont les décors, exécutés à la main, représentent des scènes de palais, des pagodes, des oiseaux. Des boîtes à thé, classiques, originales ou exotiques, en cuivre, étain, argent massif ou ivoire, retraçant des scènes de la vie quotidienne ou recouvertes de dragons, de personnages mythologiques ou de médaillons d'encadrement. Des théières, des services à thé, des bouilloires, en fonte, grès, porcelaine, cuivre ou argent, des cantines à thé en cuir ou en osier, des mallettes à échantillons, utilisées par les marchands itinérants. Et pour parfaire le raffinement de cette atmosphère, du mobilier chinois en laque orné de personnages et peint à la main.

Certaines pièces intéressantes sont aujourd'hui rééditées et sont en vente dans un salon colonial attenant.

Et, pour le plaisir de tous les connaisseurs, MARIAGE FRERES continue de rechercher toujours plus d'objets rares ou originaux qui enrichiront sa précieuse collection et notre connaissance du monde du thé.

Hommage à sa majesté le thé

L'ART DU THÉ

Mariage Frères : la Maison de Thé

Mariage Frères : le Musée du Thé